キー・コンピテンシーの実践

教师核心素养的获得

学び続ける教師のために

〔日〕立田庆裕 / 著
赵卫国 / 译

北京师范大学出版集团
BEIJING NORMAL UNIVERSITY PUBLISHING GROUP
北京师范大学出版社

Key competency no Jissen by Yoshihiro Tatsuta

Copyright ©Yoshihiro Tatsuta 2014

Original Japanese language edition published by Akashi Shoten.Simplified Chinese translation rights arranged with Akashi Shoten.Through Hanhe International(HK) Co., Ltd.

北京市版权局著作权合同登记号：图字：01-2019-7355

图书在版编目 (CIP) 数据

教师核心素养的获得 / ［日］立田庆裕著. 赵卫国译，—北京：北京师范大学出版社，2022.03（2024.1 重印）

ISBN 978-7-303-25581-8

Ⅰ . ①教… Ⅱ . ①立… ②赵… Ⅲ . ①教师素质 – 研究　Ⅳ . G451.6

中国版本图书馆 CIP 数据核字（2020）第 004528 号

教材反馈意见　gaozhifk@bnupg.com 010-58805079

JIAOSHI HEXIN SUYANG DE HUODE

出版发行：北京师范大学出版社 www.bnup.com

北京市西城区新街口外大街 12-3 号

邮政编码：100088

印　　刷：北京虎彩文化传播有限公司

经　　销：全国新华书店

开　　本：890mm × 1240mm 1/32

印　　张：5.75

字　　数：149 千字

版　　次：2022 年 3 月第 1 版

印　　次：2024 年 1 月第 2 次印刷

定　　价：36.00 元

策划编辑：周雪梅　　　　　责任编辑：马力敏　李　迅
美术编辑：焦　丽　李向昕　装帧设计：焦　丽　李向昕
责任校对：康　悦　　　　　责任印制：马　洁

导　读

核心素养是一个人生存所必需的根本能力。

在变化激烈的当今社会里，我们总是会碰到各种各样的问题，这时，运用一切资源来解决问题的能力就是一个人的核心素养。这里所说的资源内涵是非常丰富的，不但包括我们的各种理想、计划、体力和愿望等自身的态度、情绪、身体资源，还包括语言、知识、技巧、科技等外部的、公共的、信息工具。而且，我们运用这些资源、利用工具解决问题时，不仅依靠我们个人自己的力量，还会得到熟人和朋友的帮助。因此我们说，所谓的核心素养就是指一个人拥有的综合的能力和资质，也可以称之为生存能力。

那么，为什么非要用"核心素养"（key competence）这个词汇呢？其理由在我之前带领团队翻译的《核心素养：迈向国际标准的学习能力》① （*Key Competencies for a Successful Life and a Well-Functioning Society*）一书的序言中已经做了说明。

最主要的原因就是时代的变迁。20 世纪后半期，人们发现只传授知识和技能的教育已经无法适应时代的要求，这就需要21 世纪的教育在传授知识和技能的同时，还要培养学习者的欲

---

① 译者注：国内一般译作《成功生活和健全社会的核心素养》。本书的这个译法是根据日语的书名『キー・コンピテンシー：国際標準の学力をめざして』而译。

1

望、兴趣等，掌握生存所必需的各种各样的能力。经济合作与发展组织（Organisation for Economic Co-operation and Development，OECD）从 2000 年开始的国际学生评估项目（Program for International Student Assessment，PISA）中，有关基本阅读能力的定义里包含着"从事"或"参与"的态度。2004 年开始的国际成人能力评估调查（Programme for the International Assessment of Adult Competencies，PIAAC）的专家会议上，从最初就规定以调查成人的核心素养为前提，由此可见，素养这个概念本身在 OECD 的教育调查中已被认为是常识。而教育这个职业，它鼓励、引导学习者积极参与到社会的学习和活动中，担负着把学习者培养成具有优秀资质的公民的使命。当今知识型社会的发展更需要创造性的教育。

尽管如此，日本的各级教育机构，包括大学在内，在进入 21 世纪后仍然进行着老一套的教育，很多人认为教育只要保证学习者具备基本的学习能力就足够了，还有人认为日本目前的教育已经在世界上处于领先地位了，没有必要再做什么教育改革了。

诚然，迄今为止众多教育界的前辈们在学校教育课程的设置和教育大纲的制定方面费了很多心血，是他们的努力使几代人在学校里学到了知识和技巧，毕业后成了为社会贡献自己才智的人才。我们自然要无比珍惜教育前辈们在这些教育史上的成就。

但同时，我们也要看到，现在的学习者们要面对各种学科庞大且复杂的知识和信息，毕业后还会在各个岗位上遇到许多在学校里没有学过的东西。况且人们在学校接受教育的时间是短暂的，在这期间，教师很难把这所有的知识和信息都教给学生，只能把一些作为一个公民必须掌握的基础知识和技能，以及各个职业需要掌握的有限的专业知识教给学生。人们对更多知识的获得其实是在离开学校后学到的。在学校教育课程中应该教什么知识、教多少知识，这些在 20 世纪 80 年代的教育改革中经过多轮提案和讨论，最后终于达到了基本一致的意见，就是在日本社会大力提倡和推进终身学习。学生在学校教育结束后踏入社会从事某一职业时，需要不断学习该职业所需要的知识和技能。这就意味着在学校教育中，最重要的是作为一个人学会如何学习，即学会学习。只有学会学习的方法，才会获得不断出现的新知识和新技能。高速变化的社会带来了庞大的新知识、新技能和新科技，人们为了适应社会需要坚持不懈的学习，就这样，在20世纪80年代，日本社会迎来了终身学习的时代。

在这种情况下，作为教学专家的教师成了人们终身学习的榜样。因为学生们通过在校教育，受到了坚持不懈继续学习的教师们的很大影响，许多学生学得非常优秀。读书的社会习惯受家庭环境影响大，是代代相传的。虽然会因各种因素造成差异，但学习的习惯是通过学校教育由教师传授给学生的，最后又影响了社会，所以教师的榜样力量是无可比拟的。

但是，实际上教师们总是非常忙碌的，每天都在争分夺秒，因为他们需要备课，还有指导学生会占用自己很多的时间。在这种情况下，如果有人用一种居高临下的态度告诉教师们，你们需要继续学习，需要不断充实自己，这时，有的教师可能会以工作繁忙抽不出时间为由拒绝这个建议。

我们也应该看到，更多的教师即使再忙，他们也会坚定地继续学习，以充实自己，因为他们是有着发自内心的动力，以教书育人为天职，对自己严格要求，认为为了从事好教学，自己有必要继续不懈地学习。人一旦从学习中感到幸福，他就会产生坚持终身学习的倾向，这正是人们最根本的求知欲的表现，也是迄今为止通过研究终身学习的大量案例中所得出的结论。

2013年，我两次接受某县①某国立大学附属中学和高中的

---

① 译者注：日本的行政区划，日本的"县"相当于我国的"省"。

邀请，参加了他们的教师培训会，并在会上做了演讲。第一次演讲时，邀请单位要求我就 2000 年以后的世界教育发展动向、知识型社会的内涵、知识型社会对教育的影响这几个问题做一个系统的讲解。

当时，我参考 OECD 教育研究与改革中心发行的《知识的创造、普及与应用：学习者社会的知识管理》（*Knowledge Management in the Learning Society：Education and Skills*）①（2012 年）一书，就教育中创造和运用知识的重要性做了讲解。演讲后，参加培训的教师们都反映，我们终于理解何为知识型社会了。第一次演讲之后，又接到该学校的第二次邀请，希望我就今后的教育发展动向做一次演讲，重点是从知识构建理论的角度论述培养学生的学习策略方面的内容。这一次演讲，我参考了 OECD 教育研究与改革中心发行的《学习的本质：研究的应用到实践》（*The Nature of Learning：Using Research to Inspire Practice*）（2013 年）。

这个附属中学和高中老师研讨会的研究课题是：如何制订新学习指导要领下的以知识型社会为基础的教学课堂学习计划和授课方略。我认为研究此课题的前提条件，是要理解何为知识型社会时代的能力观。这也正是 OECD 实施国际教育调查评估的背景。20 世纪最后的一年里，以 OECD 为中心开展的"核心素养的界定与遴选"（Defining and Selecting Competencies）研讨会上，有三大类别的核心素养被提了出来。对这三大核心素养的理解对一线教师来说是必不可少的。另外，在核心素养被提出之后的世界教育政策中，又有哪些素养和能力被提出、论证了呢？在开展的诸多国际教育调查测评中，又都有哪些学习能力成为测评的对象了呢？这些都是理解知识型社会的学习能力内涵的重要背

---

① 译者注：原文中无 "Education and Skills"，现补充完整。

景知识。

这两个演讲结束后，2014年伊始，这个县召开了以该县所有小学、初中、高中的老师为对象的"如何提高学习能力"的实践交流会，我再一次被邀请参加会议，就"教育的国际发展动向和新学习指导要领背景下的能力观和教学法"做了演讲，并与参会的教师们做了深入的讨论。

通过这三个演讲，我有幸与许多一线教师有了很密切的联系和交流。在这过程中，我深深地体会到，通过教学活动培养学生具备三大类核心素养的教师们，最应该了解核心素养之所以产生的国际社会的背景，同时，通过教学活动培养学生具备包括核心素养在内的多种能力的教师自身，必须清醒地认识到提高自身专业教育能力的必要性。

也就是说，为了对应今后的教育改革，教师自身应准确把握国际社会中教育的发展方向，为做到这一点，我认为了解下述四点的内容是非常重要的。

第一，了解知识型社会。

从第一次产业社会发展到工业社会，经过高度信息社会之后，进入第三次产业为中心的知识型社会。在这个社会里，知识成为生产和财富的基础，社会对能运用专业知识的人才是求贤若渴的。另外，社会本身也急速走向多样化和复杂化，人们为了适应这种社会，需要通过终身学习不断强化自己的专业知识，同时掌握多种学习的技能。

第二，把握多样化、复杂化世界中不断发生变化的教育动向。

以经济为基本事业和研究对象的OECD认为，教育对世界的稳定与和平至关重要，目前的研究重点是对20世纪末以来的教育政策的研讨。其中，OECD和国际教育成就度评价协会(International Association for the Evaluation of Educational Achievement，IEA）进行了各种与教育有关的国际调查，各国积极参与这些调查，一方面可以从国际比较的结果了解自己国家处于什么位置，还有一个更大的目的就是在制定自己国家的教育政策时参考这些调查框架和结果。质性国际调查可以为我们提供了解国际社会教育动向的实证依据，同时也给教育方向性的变化带来巨大的影响。目前，有代表性的国际调查有以下这些测评项目。

• ECES（The IEA Early Childhood Education Study）：对幼儿教育的现状、开展情况进行的国际比较分析。

• PIRLS（Progress in International Reading Literacy Survey）：对小学四年级学生的读解能力开展的国际调查。

• TIMSS①（Trends in International Mathematics and Science Study，国际数学和科学趋势研究项目）：对小学四年级和中学二年级开展的科学和数学能力的国际调查。

• ICCS（The International Civic and Citizenship Education Study，国际公民意识和公民素养研究项目）：对13～14岁青少年的公民意识和市民教育的成果开展的国际比较评测。

• ICILS（International Computer and Information Literacy Study，国际计算机与信息素养测评）：对13～14岁青少年通过应用计算机和收集信息来参加教育课程、学校、职场和社区活动的能力进行评估。

• PISA（Programme for International Student Assessment，OECD，国际学生评估项目）：对15岁青少年的阅读、数学、科学素养进行测评。

• TALIS（Teaching and Learning International Survey，OECD，教师教学国际调查）：对教师的培训、专业发展、职业

---

① 编辑注：原文为"TIMMS"有误，现更正为"TIMSS"。

满意度以及校园文化环境和学校领导等学习环境进行测评。

　　• AHELO（Assessment of Higher Education Learning Outcomes，高等教育学习成果评估）：对大学生的学习成果进行测评。

　　• PIAAC（Programme for the International Assessment of Adult Competencies，国际成人能力评估调查）：1990 年曾对成人的识字能力做过国际调查，在此基础上，2011—2012 年对 16～65 岁成年人又展开调查，旨在对成年人在社会生活方面的能力进行评估。

　　以这些调查结果为基础，各国纷纷反思自己的教育政策，重新制定符合自己国情的教育战略，以上这些国际比较调查对被试所要求达到学习能力和获得的学习成果、识字能力和素养等，其结果都对参加调查的每一个国家和地区在各自教育课程的设置和修订方面产生了巨大的影响。

　　第三，紧跟基础学习能力的变化。

　　在上述这些国际调查的内容中，我们可以测评的内容和深度、广度有了很大的变化。以识字能力调查为例，我们可以发现，过去以记忆为中心的知识学习是不够的，因此现在要求学习者具备更深度的识字能力和技能。换言之，从以单纯记忆为中心的旧式教育发展到了今天具备包括高度认知技能、公民素养等广义的、深度的知识和复杂技能，还有核心素养等，这些作为人生存的基本力量都成为教育的目的。从素养学术国际研讨会中诞生的核心素养，也影响了其之后的各种素养、技能研究视角的诞生。

　　第四，拥有终身学习的视角。

　　OECD 在其教育战略上提出重视终身学习，20 世纪末，世界各国对"学习贯穿人的一生"这一点已经达成共识。它意味着学习无法在学校教育中得到完结，人类已经进入只有通过终身学习才能不断提高自己专业能力的时代。在这一点上，教师也不例外。为了开展优质教育，社会要求教师具备更深的专业知识和更有效的教学技能。

一般人会想当然地认为这些教育的变化只对接受教育的儿童、学生以及大学生带来的影响，但实际上并不仅仅如此，例如，TALIS 和 PIAAC 等调查显示，很多教师和成人为了提高自身的专业能力和具备核心素养在考虑继续学习。

我执笔此书的目的不是为了教授青少年如何具备核心素养，而是从终身学习这个角度来给教师们一些提示，阐述教师如何培养自身的核心素养，以及如何才能坚持终身学习。核心素养的获得，将会使个人的人生成功与社会的发展产生联系。只要其目标和效果是正确的，那么获得这个核心素养的人，将会在飞速变化的社会里也能通向自己的幸福之路。本书将重点考察教师需要获得什么样的核心素养，以及获得这些素养将会给教育带来什么样的效果。

在本书的第一部分中，首先阐述什么是核心素养，然后对其产生的国际背景和核心素养的意义进行讲解。在第二部分到第四部分中，对三大类别的核心素养：自我启发能力、人际关系能力、应用工具能力分别进行详细的论述。最后，对核心素养的核心的反思能力进行说明后，介绍有关欧美及亚洲正在进行中的核心素养的研究动向，探讨了教师如何应对社会的变化开展终身学习以提高自己作为教师的能力。

最后，在高度知识型社会日新月异发展的形势下，因某种契机阅读该书的读者中，无论您是坚持不懈继续学习的教师，还是生活在教师身边支持教育的人，或者是随手拿起此书的读者，我衷心希望此书能给您人生的成功和学习带来一些提示或者几个关键词语。

2014 年正月

立田庆裕

目　录

第一部分

什么是核心素养？

第1章

个人能力的高度化

导　言

　　近几年，人们经常思考什么是全球化时代的核心素养？时代的剧烈变化要求青少年要具备生存能力，作为成年人的教师，被要求具备核心素养。在本章里，我们将探讨教师这个职业需要具备的关键能力，即教师的核心素养是什么？新学习指导要领①的说明中指出了每个人都要具备的生存能力和个人能力的内涵。在此需要我们思考一下，我们每个人是如何与世界整体的变化相连接，并且发生互动的。同时为什么这个时代要求我们要具备这些能力？产生该要求的社会背景，即"知识型社会"时代的特点又是怎样的？

第1节　教师的综合能力

1.1 提高教师的资质和综合能力

　　到目前为止，如何提高教师的资质一直都是人们关心的一个

---

　　① 译者注：即类似我国的课程标准，在本书里保留日语的名称"指导要领"（指导要领）。

话题，教育职员养成审议会早在 1986 年就以《关于提高教师资质能力的对策》为题展开了深刻的讨论。1996 年，中央教育审议会在咨询报告《关于展望 21 世纪我国教育的理想状态》中再次提出，日本的教育要向以培养"生存能力"为基础的学校教育转换。受此影响，1999 年的教育职员养成审议会的咨询报告（第 3 次）中明确提出，期待通过教育来培养青少年的生存能力。

最近，文部科学省发行了《寻求魅力教师》①（初中等教育局教职员科室）的宣传册，在这本小册子里，把"教师必须具备的资质能力"分成了两点。第一点是"作为一名教师无论在哪个时代都要具备的资质能力"，其内容包括"教育者的使命感，对人的成长和发育的深刻理解，对儿童和青少年给以温暖的教育，具备与教育学科等有关的专业知识，拥有宽广深厚的教养"。第二点是"今后这个时代特别需要具备的资质能力"，其内容包括"站在全球视角强学力行的行动能力、具有适应时代变化的生存能力以及教师这个职业所要求具备的常规能力"。在这两点资质能力的基础上，文部科学省又提出了教师的实践指导能力的概念。教师的实践指导能力不但包括"对教师工作具有深厚的感情"和"具有作为教育专业人才的扎实的本领"，而且还包括教师的"综合能力"。那么，这里所说的"综合能力"是什么呢？

关于综合能力，2008 年，中央教育审议会的咨询报告《关于开拓新时代终身学习的振兴策略》② 中指出，肩负着时代未来的青少年们需要具备生存能力，同样，成年人需要具备能够适应时代剧烈变化的综合生存能力。为此，在全国大力提倡终身学习，切实整顿环境，以满足每个国民在终身学习中的不同需求。

---

① 译者注：日语名称是「魅力ある教員を求めて」。
② 译者注：日语名称是「新しい時代を切り拓く生涯学習の振興方策について」。

这里所说的综合能力就是指人的主要能力，又叫关键能力、核心素养，它要求人们不但拥有能灵活使用知识或技能的能力，还要拥有能充分利用包括技能、态度在内的各种各样心理、社会方面的资源以应对特定环境中复杂问题的能力。综合能力，即核心素养的培养，不仅在日本得到重视，在世界各国的教育实践中也日渐被重视起来。

1.2 作为一个社会人应该具备的能力

在日本，对于作为一个社会人应该必备的哪些能力尚未有定论，但近几年来，各大省厅（译者注：相当于我国的"各大部委"）相继提出了几个能力概念的框架。

例如，文部科学省提出了"职业发展能力"框架，它包括人际交往的能力、灵活运用信息的能力、人生规划的能力和意志决策的能力；经济产业省则提出了"社会人的基础能力"框架，它包括行动能力、思考能力、合作能力；厚生劳动省提出了"人的能力"框架，它包括沟通能力、职业人意识、商务礼仪、资格取得。

另外，文部科学省在 2008 年咨询报告《面向学士课程教育的构筑》中，提出了"大学生通过各专业领域的学习后所具备的学士能力，适用于大学各课程学习成果的参考指南"，在这个报告中指出大学生的"学士能力"由以下四个部分组成。

第一，知识和理解：是指关于对多元文化，人类的文化、社会和自然等知识的学习与理解。

第二，通用技能：是指人与人之间的沟通交流技巧、数字技能、信息识别能力、逻辑思考能力、问题解决能力。

第三，态度和目标：是指自我管理的能力，团队合作、领导能力，伦理观，市民的社会责任，终身学习的能力。

第四，综合性学习经验和创造性思考能力：能综合运用已掌握的知识、技能,学习态度端正,并能够在遇到新问题时灵活运用已有的知识、技能和经验。

1.3 全球教育目标的标准化

2006 年,欧盟在《终身学习的核心素养:欧洲参考框架》(*Key Competences for Lifelong Learning:A European Reference Framework*)中,提出了成为各国教育目标模型的核心素养内容,法国等几个国家已经开始采用此模型,其内容由以下 8个部分组成。

第一,使用母语的交流能力。

第二,使用外语的交流能力。

第三,数学核心素养和科技基本核心素养。

第四,数字化核心素养。

第五,学会学习。

第六,社会与公民核心素养。

第七,创新与企业精神。

第八,文化意识和表达能力。

另外,新的国际调查中,有 2009 年进行了预测的 OECD 大学版 PISA:关于高等教育学习成果的评价调查(AHELO)。在这个调查中提出了评价四要素:通用技能(Generic skills strand)、专业能力(Discipline strand)、附加价值能力(Value-added measurement strand)和应变能力(Contextual strand),其中的通用技能就是核心素养的一部分内容。

2013 年,PIAAC 结果一经公布,马上引起世界各国的关注,其结果和调查内容已经被各国应用到制定自己国家终身学习政策上。PIAAC 又被称为 PISA 成人版,目的是测定人们掌握工作生活中所需能力的熟练程度,包括对阅读能力、数字的领悟力和利用信息技术解决问题的能力的评价。这三个技能不是孤立的，如在对语言、符号和书面文本等领域中，识字技能和识数技能是相互作用的，评估这些交互应用的能力，综合运用科学思维来掌握、处理知识和信息的能力，运用 ICT 技术解决问题并完成复杂任务的能力，这些都被认为是对核心素养的评估。

从以上内容我们可以发现，从高中的 PISA 到大学的 AHE-LO、成人的 PIAAC，这些国际性调查活动都在大规模地开展着，目的就是建构各阶段人群所必需的学习能力和个人能力的内容。其背景就是世界各国都越来越意识到明确提出各个阶段人们所需核心素养的内涵的重要性，纷纷开始探讨自己国家的核心素养框架，但殊途同归，最终发现共通点居多，从而带动了全球教育目标的标准化，助推了各个阶段的国际性调查评估。本书将基于 OECD 的"素养的界定与遴选：理论和概念基础"项目（Definition and Selection of Competencies：Theoretical and Conceptual Foundations，DeSeCo）所提出的核心素养的概念，来探讨作为教育专家的教师们，他们的个人综合能力又需要具备哪些核心素养呢？在进入主题之前，我们先回顾一下近几年世界的千变万化使我们处于了一个什么样的时代？言简意赅地说，就是在政府各种咨询报告中频频登场的"知识型社会"的到来以及它的意义。

第 2 节　知识型社会的教育和学习

2.1 知识型社会的到来

核心素养这一概念在世界各国的教育和终身学习中越来越受到重视，其中非常重要的原因在于目前人类所处的时代背景，即在中央教育审议会①咨询报告以及新学习指导要领中随处可见的"知识型社会"一词。

　　早在人类文明发展的初期，知识的重要性就得到了人们极大的重视，自古以来，人们对知识这一概念的定义和分类多种多样。例如，亚里士多德的知识分类中有科学（episteme，普遍化、理论化了的知识，即解答为什么的知识）、技艺（techne，具有技术性的、与具体实践相关的知识，即说明如何去做的知识）、实践智慧（phronesisi，规范化的、以经验为基础又与常识相关的实践性知识）等。到了今天，OECD又将知识划分成四类，它们分别是，"Know what"：有关事物的现象你知道了些什么，即与事实有关的知识；"Know why"：知道现象发生的原理和法则是因为什么的知识；"Know how"：知道怎样做才能解决问题，即技能性的知识；"Know who"：知道现象的发生和解决与什么人有关的知识（OECD，2000）。从上述的亚里士多德和OECD这两种分类我们可以看出，从古到今不管是哪种划分方法，知识不是单纯的信息和数据，而是基于某些标准和方法对此进行了体系化和理论化的整理、分类，并被储存下来的。因此，知识的定义也因分类标准和方法的不同而各异。

　　从20世纪后半期，知识的意义开始发生了变化。计算机的发明给人类生活带来巨大改变，人类发展到能进行网络通信，随着国际化互联网的完善，计算机发展到能处理大量的信息和知识，这不仅推动了农业、工业的机械化程度及高度技术化，也带来了知识爆炸，使知识在种类和数量上不断增加，在水平上也日益得到提高。

　　图1是日本各产业人口构成的变化。20世纪50年代，日本

---

　　① 译者注：日语是"中央教育審議会"，简称"中教审"，是日本文部大臣咨询机构。

的第一产业人口占 49％、第三产业人口尚不足 30％。但到了 21
世纪初，第一产业人口骤降至 5％；与之相反，第三产业人口激
增至 70％左右。众所周知，第三产业人口是指从事服务行业的
人口，特别是 20 世纪后半期，从事知识集约型服务产业的人口
大量增加。这意味着日本的社会在短短六十年里，从农业社会发
展到了工业社会，又经过信息社会急速转化成知识型社会。

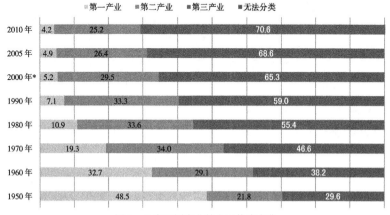

图 1 日本不同产业的人口构成变化

资料：国情调查 15 岁以上人口构成比（与＊2000 年相比，分类略
有变化）

早在 1969 年，著名的社会学者彼得·德鲁克（Peter
F. Drucker）就在他的著作《断层时代》中预言，人类很快将在
20 世纪后半期突入知识产业社会时代，到那时，新的产业社会
是以知识为中心运行的。但是要注意，这里所说的知识与以往的
知识不同，因为"知识的性质产生了演变，知识已经成为社会的
核心资本、费用和资源，它改变了劳动和工作、学习、传授、知
识自身的本质以及运用方法"（Drucker，2007）。

德鲁克还指出，知识经济的特质是劳动形态，即知识劳动，
它有以下特征："知识劳动是不断的产出劳动，经常对自己要求
又能通过劳动满足自身需求，这种自身需求是无限的。技能不会

因为知识经济化而消失，恰恰相反，只是知识成为技能的基础，具备高度技能是需要知识的。而且，没有技能的知识是没有生产能力的，知识只有作为技能的基础得到运用时才会具备了生产能力"（Drucker，2007）。也就是说，知识型工作者不应该将知识和技能分开来学习，而应该将二者整合起来学习，使自己知识和技能二者兼备。

德鲁克还指出，对知识型工作者来说，最重要的一点是要必备"对学习方法的学习"的能力。"学习者要学会如何以知识为基础来学习技能，只有掌握了这一点，才会越来越容易地掌握新的技能。这与一对一的师徒制学习方法不同，师徒制的学习方法是为了熟练掌握某一种特定技能，花费很长的时间，跟随师傅学会使用全套工具。而对学习方法的学习是以知识为基础，学会某一技能后要学会忘记，以继续学习新的技能。换言之，知识型工作者不是成为过去那种为了特定工作而掌握特定方法的熟练工人，而是要成为熟练使用知识、技能和工具的技师"（Drucker，2007）。

德鲁克强调不要把知识当作单纯的知识来被动地学习，要把知识与技能和工具结合起来，培养自己具备为实现各种各样的目的来灵活运用知识的能力，使自己成为能够根据不同状况和领域的需求，把学习知识、掌握技能和使用工具各个方面都集于一身的知识型工作者，这种知识型工作者才真正具备适合知识型社会所需求的能力。

2.2 知识型社会的特征

随着时代的变迁，企业和社会也在发生变化。在 20 世纪 80 年代后期兴起的企业经营理论中，从个人到集体、社会各层次，人们该以怎样的形式来创造新知识、普及新知识、运用新知识，即知识管理成了一项重要课题。在这种趋势下，知识型社会具备了以下三个主要特征。

1. 知识共享

知识论的先驱学者波拉尼（Polanyi）将知识划分为内隐知识和外显知识，所谓的内隐知识又被称作暗默或潜在知识，指那些无法言传的、隐性的、个人的知识，是一种凭主观和直觉本质所获得的，难于以任何系统化或逻辑的方式进行处理或传授的知识。外显知识是指那些通常意义上可以用语言、文字或符号的方式加以表达的，通过文章、书籍这类能够看到的、可以理解的知识（Polanyi，1980）。

像教师、医生这些专业人员都是通过日常积累和反复练习来掌握暗默知识的，但这些隐性知识具有情境依附性、非逻辑性和非公开性的特点，不能以显性的常规组织形式加以传递，具有无法被团队所共享的缺陷。为改变此缺陷，知识管理（Knowledge Management）认为如何将个人获得的暗默知识与团队成员共享并被运用到工作中这是非常重要的。所谓的知识管理，就是提取专业人员的隐性知识，将其变成显性知识，成为人人可以共享的有形知识，以此推动社会进步，使更多的人获取更多新的知识、创造更多新的智慧。例如，被大家公认为优秀的实践（Best Practice）或良好的实践（Good Practice）的个人或地区的出色实践，一旦被公开，社会上就会有很多人去踊跃模仿，并应用到自己的生活实践中。在这个过程中，我们说知识发生了转移。

2. 知识转移

在学校，学习方法的学习，即学会学习，是一个非常重要的目标。学校毕业后工作了，职场也需要所有的职员具备主动学习、积极为组织做贡献的能力。在这里，对每一个人来说重要的一点就是，不仅要学习传统知识，还要学习新的学习方法，将在某个情景中获得的知识应用到其他情景中去，实现知识的高度转移。在个人到团队、组织的知识转移的基础上，实现企业之间、地区之间和学校之间等的知识转移，这就意味着一个组织（如企业、地区、学校）的经验影响另一个组织行动，各个组织之间的知识共享和转移就变得非常有价值。

3. 学习型组织

为了实现知识的共享和转移，很多人成为学习者，并保持继续学习的习惯。他们为了取得更多、更好的学习成果，加入团队。在团队里，通过组织共识，建立共同愿景，人人具有积极的、发展性的思维方式，大家努力的方向也一致。通过这种团队合作开展学习，创造团队智慧，彼得·圣吉（Peter M. Senge）将这样的团队称为学习型组织。他认为，不仅是企业，学校也有必要成为学习型组织，这使学校能够成为最强组织的有力保证（Peter M. Senge，1995）。

推动知识组织化和高水平化是极其重要的，随着世界越来越多元化，对学习型组织的需求会越来越多，它不仅能够提升组织绩效，更能够带动组织的生命力。学习型组织的必要性在教育界也是不言而喻的。

2.3 日益复杂化的世界格局与教育问题

随着知识经济时代的到来，人们迈入了知识型社会。从 20 世纪后半期开始，世界上出现了各种各样的问题。图 2 显示了其中一些具有代表性的世界问题，纷杂的世界潮流也给教育带来了许多的冲击和亟待解决的问题。

在世界政治方面，民主主义加大推进力度，各种 NGO（Non-Governmental Organization，非政府组织）、NPO（Non-Profit Organization，非营利组织）所开展的各种活动也如火如荼，这些都导致了人们更加注重培养下一代人更要具备自律精神、积极参与社会活动的特点，教育因此被赋予众望。同时，受过民主主义教育的一代将会成为改变政治和社会的力量。

世界经济突飞猛进，我们所处的社会已经从第一产业进入到以第三产业为中心，时代的变化需要更多的高水平知识型工作者，而每个国家通过教育培养的知识型工作者的质量，将直接决定其经济自身的发展状况。知识型工作者的质量好坏包括知识水平的高低、掌握技能的熟练程度的高低和是否有积极的劳动欲望。

科技的飞速进步不仅改善了家庭和地区生活环境，也改变了学校的信息处理环境和大学的研究环境，研究环境的改变也会推动各高等教育机构培养出各种类型的人才，这些人才又进一步开发新的科技，同时新的科技普及的速度也在飞速加快。但同时我们也应看到科技的发展给人们带来的也不尽然全是好的影响，目前有些行业已经成为现实，就是开发出的机器人能够取代人工劳动，类似这样的高科技发展会越来越多，可以预测不久的将来，目前存在的大批的工作将会被机器人夺走。这就提醒我们必须掌握更高水平的技术和知识，激发我们开创新的职业。停步不前，其结果只能使失业率越来越高。

毋庸置疑，自然环境的变化也会对学校的教育内容产生很大的影响。全球气候变暖等一系列严重问题，提醒人们需要高度自觉地保护环境。为建设可持续发展社会开展的教育，即 ESD（Education for Sustainable Development），已经逐渐渗透到教育实践中去。人们居安思危的意识加强，为减少像地震、台风这样突发性重大灾害带来的损失，平时注意开展防灾教育。对这些防灾教育的重视程度如何，社区内开展的防灾训练次数的增加，不但会降低社区遭遇自然灾害的程度，也直接影响受灾后的重建能力。

人口问题也非常严峻，许多国家都已进入了人口老龄化社会。从学校毕业后，或者在退休后的漫长人生中，选择继续学习的人不断增加，越来越多的人开始了终身学习。像日本这样的国家，还存在着少子老龄化的问题，生产人口逐年减少，这就极有必要提高劳动生产的效率。现实情况要求高龄群体在自己能力范围内尽量延长工作年限，整个社会共同承担培养下一代的责任。

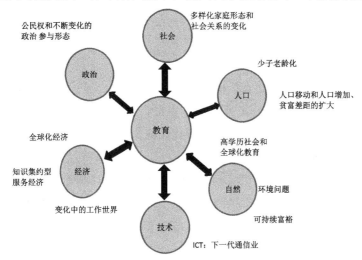

图 2　教育与世界的潮流

出处：OECD 教育研究与改革中心（2009），《教育趋势：透过图表看世界的潮流和教育课题》，明石书店。

家庭方面也出现了很多新问题，首先是家庭形态发生了变化，从以前社会上常见的数世同堂的大家庭到现在的核心家庭。其次比这更严重的问题是，世界各国的单亲家庭不断增加，"家庭"这个群体自身的存续面临着严重的挑战。家庭形态的这些变化给社会带来了很多不良后果，不仅降低了长久以来家庭所承担的辅助学校的教育能力，反而使学校要反过来负担起家庭应该承担的教育内容。

以上提到的这些问题都不是孤立存在的，与其说是某个社会内部独有的问题，倒不如说是各国都普遍存在的问题，已经蔓延到全世界。例如，全球化就是其中一个典型的表现。劳动市场存在的问题，往往始于其中一国，然后快速发展到各个国家。在世界范围的市场竞争中，各个国家为了维护本国实力，不断进行改革和创新，教育也被迫卷入这场竞争的风波。高中生和大学生，通过出国留学，拓宽自己的视野，逐渐具备选择适合自己的教育机构的能力。同时，各国为了确保自己国家的竞争力，开始积极录用来到自己国家学习的优秀留学生，充分发挥他国人才的价值。

交通手段的发达及运输成本的降低，消除了国际间的物理距离，促进了国际间的交流。这些课题，已不再是各国独立的问题。在过去闭塞年代，国家之间交流甚少，学校也多是封闭式的学习，当时没必要学习这么多就可以平稳度日。

在如此复杂的现代世界里，培养个人的生存能力，学习多种文化和语言，掌握高水平的知识和技术，这些都是非常重要也是非常必要的。这不仅使我们可以幸存于国际社会中，还会推动我们开发新技术，加强各国合作，通过国际社会共同解决全球化的问题。欧盟的出现、世界劳动市场的发展正说明了需要各国加大交流，大家齐心合力来共同解决国际间贫富差距扩大的问题和人种、民族间不平等的问题，还有环境问题、医疗开发问题等。因此，培养个人核心素养的问题焦点在于，不仅为了个人能够获得在世界竞争中得以生存的个人利益，更重要的是要通过培养每个人优秀的潜在能力来维护社会全体的共同利益。一个学习者是否能够从庞大的信息量中提高自身的潜在能力，获得解决社会问题所必要的知识和信息，这取决于他是否能够获取接受更高水平的教育机会，是否处于一个更简单、更迅速地接触到能够提供必要知识和信息的环境。这意味着建设能够提供人人可以连接的数字化教育环境，完善以大众能接受的普遍设计为基础的学习环境，成为教育的一个重要问题。

为了解决这些问题，世界各地采用了创造新知识、普及新知识、应用新知识的做法。同样 OECD 也聚集了欧美 12 个国家的教育专家和行政行业的有关人员，大家一起开发教育方法，通过知识共享，推出了集多国众人智慧的核心素养概念。本书将以自我启发能力、人际关系能力、应用工具能力这三个核心素养为中心，来考察如何提高教师的综合个人能力。

第2章

什么是核心素养？

第1节　OECD的"素养的界定与遴选"项目

1.1 素养的界定与遴选

随着科学技术的飞速发展，从事知识集约型产业的知识型劳动者越来越多，我们迎来了知识型社会。上一章中我们讲述了知识型社会的有关知识，阐述了作为知识型社会的特征，知识的共享与转移，学习组织的意义，这些都意味着教育的重要性也得到了进一步的提高。为应对 20 世纪下半叶急剧的产业变化，OECD 在 20 世纪 90 年代开展了脑科学研究和学习型社会的知识管理、知识高度专业化等研究的同时，启动了新的国际性教育调研以及制定新的教育政策，力图能对各国的教育有所贡献。

其中有一项重要的工作就是实现各国教育政策知识共享的能力素养项目，即素养的界定与遴选。它是一项具有理论和政策导向的研究项目，从一个广泛的跨学科的视角来探讨核心素养。该项目的研究重心是，特别重视在 20 世纪后半期，企业社会开始提倡并大力推行的新的能力概念和素养。因此在 OECD 成员国中，开始横向研究各国教育是如何重视培养新知识和新技能的？又是怎样培养的？联结教育与产业社会之间的关键素养又是什么?

　　该项目始于 1997 年,来自 12 个国家的政策负责人、工会企业负责人、国家机关等社会各界优秀人物,参与该项目研讨的专家中,不仅包括教育学领域的学者,而且还包括从哲学到经济、政治、人类学等众多领域的领军人物。这些专家相互协作,致力于构建一个核心素养的总体参照框架的研讨。经 12 个国家的协商,汇总了各国教育中所重视的能力素养的相关报告,并商讨了什么是核心素养,其共同价值是什么。该项目自 1999 年以后举办了两次世界规模的研讨会,探讨了核心素养的理论与概念,并对核心素养进行了界定和遴选后,于 2002 年结束(图 3)。

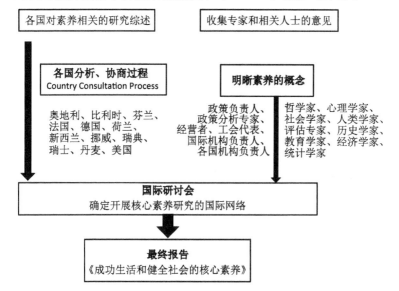

图 3　OECD DeSeCo 项目的研究过程(1999—2002 年)

　　根据联合国教科文组织的"全民教育宣言"(1990 年),人人享有受教育的权利,教育人们"为能生存下去,充分发展自己的能力,有尊严地生活和工作,充分参与发展,改善自己的生活质量,基于信息做出有见识的决策并能继续学习所需要的援助"。在全球化不断发展的当今世界,科技快速发展,各种文化之间、团体之间的交流也日益增多。核心素养的目的就是基于世界全民教育宣言的教育理念，确定国际上通用的核心素养的总体概念参照框架，开发其评估系统、构建评估框架。

1.2 界定和遴选的视角

DeSeCo 的核心素养项目的基本问题有以下两点。第一，除阅读、书写、计算能力以外，是否有超越知识与技能以外的某种能力素养能助人以成功、赋予每个人责任感并能应对社会的种种挑战？其中，是否有引导人成功的、涵盖社会、经济、政治、家庭，以及个体人际关系与个人成长在内的、涉及生活中各个领域的核心素养组合呢？如果有的话，我们该怎样从理论上将其中重要的关键性概念——核心素养合理化呢？又该如何开发、培养、评估核心素养呢？第二，什么程度的核心素养具有普遍代表意义呢？这些核心素养与社会条件、文化条件是否有关？或者是否受年龄、性别、阶层、专业活动等影响呢？是否符合各个国家和地区的实际情况？在青少年时期、踏入职场、结婚成家、职场晋升、退休等不同的人生阶段中，哪种核心素养扮演着重要的角色？如果受这些因素的影响极大，就不能说建立出来的核心素养概念和框架具备高度的普遍性。因此，我们该如何定义作为适应生活领域总体代表的核心素养？在什么阶段什么状况下，选择怎样的核心素养？这两大问题是该项目在研讨、开发过程中不断讨论的焦点所在。

在此项目中，经过多国众多专家的共同合作，素养被定义为"对学习持有热情及积极性，并由此付诸实际行动的一种能力，属于人的本质特征"。尤其是，核心素养被定义为"人在特定情况下（包括技能与态度），导出心理社会性资源，进行优化组合，适应更加复杂需求的能力"。

所谓素养，属于整体性（综合性）概念，由理性与情感在生命中是相互关联的这一想法演变而来。每个人的素养指动机、态度、技能、知识以及在复杂情况下灵活运用这些资源的能力。素养是能力的综合性概念。

对多位专家及各国提出的素养概念进行了整理和综述后，对核心素养的概念和框架从以下两个较大的视角进行了界定与遴选。

这两种视角，第一个是个人需求，第二个是社会需求。对于个人，此种素养能否成为引导他走向成功、获得幸福的力量？对于社会，个人素养的培养能否使社会实现可持续性发展？前者把个人健康与安全、人际关系、工作与收入提高、政治上的参与作为重要目标；后者则把环境保护、经济性生产、社会性纲领、公正与人权、民主的过程参与作为重要目标。培养人们拥有这些素养，不仅可以使每个人过上幸福生活，还可以使尽可能多的人在社会上取得成功，从而推动整个社会走上可持续发展的道路。

1.3 三大核心素养

OECD 的 DeSeCo 项目的调研结果是最后遴选出了三大类别的核心素养，分别为：能互动地使用工具、能自主地行动、在不同性质的社会团体中运作产生功能。此外，自我省察能力（反省性，reflectiveness），即反思能力，被定为核心素养的核心部分。这三个核心素养并不是各自发挥机能，而是相互为基础，彼此紧密相连。每个核心素养又各分为 3 种，共确定了 9 种核心能力（图 4）。

1. 互动地使用工具

（1）互动地运用语言、符号、文本的能力。

（2）互动地运用知识、信息的能力。

（3）互动的运用技术的能力。

2. 自主地行动

（1）在复杂的大环境中行动的能力。

（2）规划人生、个人活动，并付诸实际行动的能力。

（3）保护及维护自身的各种权利、利益、限制与需求的能力。

3. 在社会异质团体中互动

（1）与他人建立良好关系的能力。

（2）合作协调的能力。

（3）处理纠纷、解决问题的能力。

在上述能力中，"互动地运用语言、符号、文本的能力""1.B.互动地运用知识、信息的能力""1.C.互动地运用技术的能力"，在PISA中是作为阅读理解能力、数学能力、科学思考能力以及ICT能力进行测评的；在PIAAC中，是作为阅读理解能力、逻辑思维能力以及运用ICT解决问题的能力进行测评的。这些国际调查评估预计今后也会针对其他核心素养开展调查。

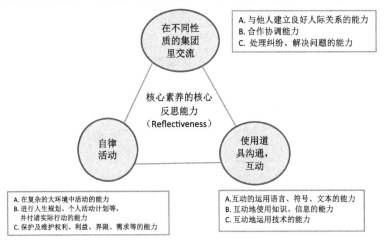

图4　三大核心素养

这三项范畴的素养由以下三点组成。

其一，个人的形成（自主行动素养）。

其二，自身相关社会的形成（人际关系）。

其三，支撑上述两个素养，互动地使用工具（在社会异质团体中互动、使用工具的素养）。

而且，自我省察能力则成为这些素养中的核心部分。

因为素养原本就指适应复杂需求的能力，所以把对人生进行深刻思考、回顾反省的能力置于核心素养的概念框架中也是理所当然的。以思考为中心、自主开展活动、建立良好的人际关系，为此互动运用工具产生成果，就是核心素养。

第2节　核心素养的核心

2.1 素养的含义

为适应时代与社会的发展，人类所需能力时常发生变化。前面我们阐述了欧美各国为适应社会与时代的发展，已经把培养个体的新的能力概念——核心素养作为教育的中心理念。对欧美国家的这些新动向，我在日本各地多次讲演中收到听众的很多疑问，他们认为欧美的教育理念未必适应日本的教育现状。此外，近几年的教育评论中，也时常有学者提出欧美的这些变化是"外部压力"，但对日本来说，日本的教育要保持自己的发展特点，无需跟风做出调整。还有意见认为，教育更重要的是过程，如果接受欧美的这些核心素养的西方教育理念，会轻视努力的过程，变得过于重视成果与能力，这种做法可能导致学生的学习能力以及教师绩效的差距变大。

在这里我们要清醒地看到，1996年，中央教育审议会报告中提出的教育理念"生存能力"并非外部压力之果。正是因为当时我们有这样的教育理念，即关注青少年的未来发展，思考他们结束学校教育踏入社会后应该具备哪些能力和技能，才提出了"生存能力"的概念，我们才迫切地认为有必要进行教育改革，由此可见我国（日本）的"生存能力"的教育理念与欧美的核心素养的概念框架是非常相似的，难道这只是偶然造成的结果吗？

另外，在企业的毕业生招聘中，把资质能力及素养等作为人才招聘基准的企业在逐年递增。在现代企业中，公司会调研工作能力强与弱的员工间的差异，称有实力的人的特征为核心素养高的人。企业评价员工能力的趋向变化是把 1970 年心理学家大卫·麦克莱兰（David C. McClelland）提倡的职业胜任能力概念的基础上导入了素养模型（Spencer，Jr. L. M. ，2001）。

麦克莱兰的研究发现，传统的智力测验和学习成绩、资格证书与人们职业业绩以及人生中其他重要成就并没有太大关联，这些测验对少数民族、女性以及社会底层的人是不公平的。因此，我们不应采用这样的评价视角去发现素养，我们应利用不会因社会经济因素而导致不利的能力观来发现素养。麦克莱兰的研究结果显示绩效高的人员有以下行动特征。

第一，跨文化环境提高人际关系感受度，因此工作绩效高的人善于倾听不同文化背景下他人的意见，具备理解他人行动的思考能力。

第二，工作绩效高的人对他人保持积极乐观的期望，认同他人的价值，尊重他人。

第三，工作绩效高的人善于建立良好的人际关系，他们非常了解人与人之间相互影响的关系，并在这些关系中与其他人积极互动。

遗憾的是，在这些研究之后，麦克莱兰转到研究不同职务类别的素养与评价上去了。美国学者莱尔·M. 斯藩塞（Lyle M. Spencer, Jr.）和塞尼. M. 斯藩塞（Signe M. Spencer）沿用其方法提出了素质冰山模型的理论。认为个人能力素质特征应从动机、行动特征、自我形象、知识和技能这五个方面进行理解。其中前三个，即动机、行动特质和自我形象属潜藏于水下的深层部分的素质，有难以被观察和度量的隐性特征，这部分称为鉴别新素质（Differentiating Competence），很难通过后天的培训得以形成。后两个，即知识和技能属于较为容易观察和被测量的显性特征，被称为基准性素质（Threshold Competence），可以通过针对性的学习和培训获得。

图 5 展示了动机与包括知识技能、行动特征、态度等的素养之间的关系，并由此付诸行动，产出成果。DeSeCo 的素养概念在此处特别强调的是，在复杂社会中，灵活运用各种资源能力的重要性。

但是，在麦克莱兰之前，精神分析学家怀特（R. W. White）早在 1963 年就在理论上提倡过职务类别不同素养各异的基础能力概念——技能。怀特认为技能是"灵活应对环境的能力"，并把"人希望与环境有效进行相互作用的能力"定义为技能（R. W. White，1985）。

"我们从会与不会中汲取经验，通过专注前者获得满足"（同54～55 页）。

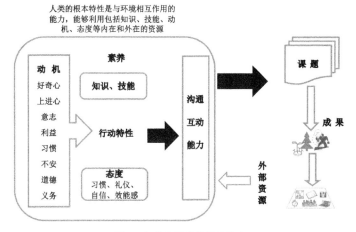

图 5　与核心素养相关的能力

个体在认为自身可以影响他人及环境时，会获得很大动机。这种自我效能感同个体的自信、自尊紧密相连。通过成功完成某些工作，切身理解、明白、感受自己对他人及社会是有用之人，开始相信自身的存在与价值，从而产生自我尊重的心理。

相互作用，就是指人与社会、人与物、人与自然之间的关系。兴趣始于对这些"关系"的留心和注意。如果带着兴趣参加活动的话，相信无论游戏也好学习也罢，都能通过活动探索获得理性上以及情感上的满足。还有，相互作用的活动本身也可使自己有能够影响自然及其他事物的效力感和自我效能感，进行自我能力肯定。我们之所以重视核心素养中人与工具的相互作用的关系，也是因为它可促使个体自身自我能力肯定、激发自尊心、自信心，并可提高其他能力素质。

2.2 思考能力是核心

"人具有期望与环境开展有效互动的资质"，意思是指个体有效协调人与社会的关系，为他人、为社会实现自我价值的资质就是个体的素养。如果各职业中，发挥优秀能力的人的资质就是素养的话，对于教师而言，教学能力则是教师最重要的素养。下面我们就阐述一下教师的教学能力。

我们已知，思考能力被看作是核心素养的核心，那么，提高思考能力与教学能力又有怎样的关系呢？在此，我们参考哲学家莱尔的论文"思考与自教"来阐述他们之间的关系（Gilbert Ryle，1997）。

一方面，我们知道课堂教学是由学生学习和思考，以及教师指导、帮助学生去学习和思考而开展的教与学两个大的活动组成的。在此，我们有必要将教师的教学和思考的活动单独拿出来进行考察。在课堂中，教师指导学生学习并不单是知识与技能的简单再现和机械重复（再现和重复当然也很重要），更重要的是让学生具备自我独立思考的能力。"所谓思考，就是指自我进行思考分析。即面对某些问题、难点、困难时，即使自身从未遇到过，也会接受挑战寻找解决方法。"换言之，"思考就是尝试弥补所受教育的间隙"，即使是课堂上没有学过的内容也能通过思考解决困难。

另一方面，学生的学习能力包括的内容非常广泛，并不仅仅是通过对知识与技能的学习而掌握的学习方法与技巧，还包括在很多种基本活动中表现出来的能力，如观察力、记忆力、抽象概括能力、注意力、理解能力等，还指以快捷、简便、有效的方式获取准确知识、信息，并将它转化为自身素养的能力，甚至还包括记忆所学、向人传授，具有作为智慧教授他人的知识以及技能的能力。

在学生获得这些学习能力的过程中，教师的职责就是引导学生探索未知之路，最后达到学生可以独立自行。因此首先要求教师自身学会思考，在思考问题的同时，需要为了培养学生独立思考的能力而准备恰当的问题、提示和教材。

这就是说，所谓教师的思考能力，就是想让学生在完成某一课题之前，教师首先要解决自身教育能力不足的问题，这是教师需要自行完善、自我提高的能力。在实际的教师培训课程中，不可能穷尽对实际教育现场中发生的所有教学需求与问题。而且，教师自身在大学期间没有学过的教学技能和知识居多，这些现实情况督促教师自身有必要在教学实践中，通过反复的自问自答，用自己的力量去进行思考，具体问题具体对待。帮助教师发挥这种思考能力的方法正是三大类核心素养，这三个素养的概念和框架在很大程度上可以帮助教师学会思考，提高教学能力。

那么，在以后的几章中，我们会把前面阐述的核心素养调整为以下三种简洁易懂的说法。首先，把自主活动的能力改为"自我启发的能力"，它又包括前瞻能力、说服能力、表达能力；把在社会异质团体中互动的能力改为"人际交往能力"，它又包括沟通能力、合作能力、问题解决能力；把互动的使用工具的能力改为"工具运用能力"，它又包括语言能力、科学思考能力、技术。我们将按此顺序论述如何提高教师的教学核心素养。

第二部分

自我启发能力

——增强自律能力——

第3章

远见力

——展望未来——

第1节　展望未来

　　培养自我启发能力的第一步就是用自己的视角看世界。保持自己独有的观察世界和时代的视角，依据情况的变化，"转变视角"，将自己从被禁锢的思想意识中解放出来，就能够以更加广阔的视角来重新审视世界。

　　就好比照相，如图6所示的那样，透镜和框架发生变化的话，视角也会随之发生变化。也就是说，透镜（视物装置）和框架（思维方式）的变化，会使我们能从多个视角发现新的既存事实。

　　透镜通过放大镜和近景镜头的变换，让我们所看到的世界也随之发生变化。作为一个教师，如果在课堂上只对某些特定学生聚焦，就会产生偏袒，对整个班级的同学都会产生不良影响。这个道理浅显易懂，就像通过新闻的写实视角和媒体的自由视角，我们才能够看到新闻和电视节目的内容差异一样，作为一名教师，要保持变换视角来观察学生的成长。

　　我们在考虑问题时的方式就如同摄影时的框架一样。如图7

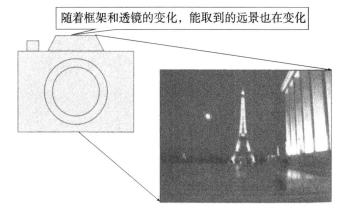

随着框架和透镜的变化，能取到的远景也在变化

图6 透镜、框架、远景

所示，在现实中，我们是以各种模式化了的框架去考虑问题，如结构化了的框架、呈阶层式的框架、递进式的时间框架、具有概念式的框架，若是使用这些带有框架的思维方式，就会改变我们观察生活的视角，如果能做到因地制宜，我们就能够从各种视角出发来审视生活。一般情况下，如果我们能够从仅仅往返于职场和家庭的日常生活中（从点到点），转变到着眼于社区的生活（从点到面），再从关注社区的生活转变到更为广阔的国际性视角和历史性视角的话，我们自身的行为也会随之发生变化。

在提高市民的远见力时经常使用的"放眼全球思考问题，扎根地方实际行动"这一标语中，就包含着视角的变化。

在自身所处的社会历史环境中，教师了解环境对自身的影响和自身在社会中所处的地位是十分重要的。在教育方面，如果提及教育所产生的长期效果的话，教师的行为也会对儿童、学生和社会产生长远的影响。保持远见力，并由此实施行动，这是与教师一贯的行动和其自身所具备的教学能力紧密相连的。

在地区和工作单位这些特定社会场所，我们教育者要具备有远见能预测未来的视角，即超越眼前一时的现状，预测出教育者的行为会对青少年的成长所产生的长期的、间接的影响；也要有

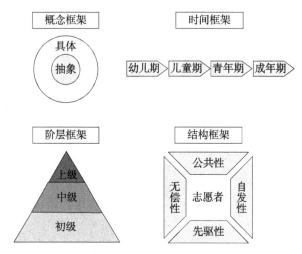

图7 有代表性的思维模式框架

超越自身的需求和利害关系，推测出他人的立场、利害和感情的视角。在这些情况下，培养自己的远见力能够使我们以全球性的角度来理解各种问题，也能够让我们自己有更加广阔的空间（历史的、文化的、环境的）来承担自身的职责和行动的结果。远见力还能够使教师在行动时，采用公正、有责任心的方式。教师获得远见力是付出了许多的努力和牺牲，同时还有个人情感，即使不能立刻显现出它的直接影响，也能够为我们提供一个从长远眼光来审视结果的思维方法。

那么，这些有远见的视角具体是指什么样的内容？我认为有以下三种。

第一，制度视角。如果从制度方面来看，即从教育制度、学校建设、文化、实践、规则和对教师的期待上来理解的话，需要了解教师行为有其社会制约性的同时，也要明确了解教师的权利和自由。

第二，社会视角。如果从社会方面来看，即了解教师在学校和地域性社会中的社会职责，明白自己的行为所带来的直接、间接的影响，以及与其他教师、儿童、学生和监护人之间应该保持着怎样的关联。

第三，计划和评估视角。如果从计划和评估的方面来看，要核实并考虑一系列的行动和结果，评估规则的韧性和目标的弹性，通过对学校和儿童、学生的观察，可以预测学校的计划在实践时有没有随机应变，教师如何控制自身行为所能产生的影响，并且能够根据学年过程中和授课过程中学生的表现，来预测年度结束时可能会取得的结果，以此重新调整行动计划。

拥有以上三个视角的远见力是十分重要的，但不是千篇一律的、死板教条地要求所有的教师都要做到。最关键的一点是自己到底能够具备何种地步的远见力？作为一名教师，做到有自己的特色，记住不是教书匠而是教育者，要自觉地管理自身的教师形象，形成自身特有的远见力。这里的教师形象，除了教师自身的努力以外，也是在行使管理职责的同时与儿童、学生以及同样身为教师的同事之间发生相互作用而形成的。教师自身要从许多模范教师身上选择最接近自己理想的榜样，在教书育人中虚心学习模范教师的做法并付诸改变自己的行动中，使自己努力成为理想的样子，这是至关重要的。

第2节　积极进取的视角和意识

从 2009 年 4 月开始，我在法政大学职业规划学院研究生院①授课半年，在第一堂课上，专门设定时间让来听课的学生做自我介绍，其中有一条是让大家讲述自己最近发生的好消息。研

---

① 译者注：作者 2009 年 4 月在"法政大学职业规划学部"的研究生院（日语是"大学院"）任教。"法政大学职业规划学部"的日语名称是「法政大学キャリアデザイン学部」。

究生院的课经常排在周六，所以听课的学生有一大半是在职研究生，其中有两位是高中老师。这两位老师到三月份为止，自己进入大学院上课之前，一直在高中担任着高三的课程，他们都说最好的消息就是收到自己教的学生考上大学的通知。一方面，每次听到有教师说"学生的成功和幸福才是教师最大的快乐"这句话时，我都会感到十分喜悦。另一方面，对于失败的学生应当怎样给予鼓励，我认为这才是对教师自身能力的真正的考验。

若运用"转换视角"这样的指导技巧来鼓励学生，不但不会使学生的失败向消极方面恶化，还能够将失败转变为积极的视角，从而使失败真正成为成功之母，使学生们意识到这一点是身为教师的职责。自己的失败是哪里出了什么问题，应该怎样修正比较好，调整自己人生的战略步骤变得尤为重要。此时，用教师"自己的话语"使学生意识到"条条大路通罗马"这一真理是十分必要的。

积极进取的意识就是指让学生注意到改变视角的重要性，教师们要教给学生一个重新审视自己的视角，就是不要以眼前的失败和成功来决定自己的价值，而是要学会如何在长时间里和无比广阔的世界中给自己定位。因此，内田树将教育的本质做了如下的论述。

"因为教育的本质就是穿越时空，让我们意识道：'与此时此刻的时间相反，与此时此刻的人群各异'，它的目的就是向你展现如何连接你和'外部'的道路，就是引导你去连接与'此时此刻此处此物'所不同的'异时异刻异处异物'，不拘泥于眼前，这才是教育最重要的功能。"（内田树，2008）

打开朝前行走的人生之路时，更为重要的一点就是感知与相异事物之间的联系，同时，也要继续保持与他人共生环境中的联系，保持类似于这样开放性的环境是需要时间因素的，为了确保在时间的进程中顺利前行，需要计划和制订人生蓝图。

第 4 章

叙述力

——绘制人生蓝图——

第1节 两种叙述力

如果说拥有丰富多样的展望力，是指培养通过空间思维来观察世界的能力的话，那么以时间为基准来观察世界并付诸行动的力量就是叙述力。我们都知道教育和学习都是需要时间的，能够做好时间管理的人才会取得更多的成就。而灵活运用叙述故事的力量，做好时间管理正是第二种自我启发的能力。

对教师来说，叙述力的作用包括两个方面：在教育和学习时，将叙述故事作为教材来培养学生的表达能力；在指引学生规划人生时，让学生运用叙述故事的方法分阶段来绘制他们自己的人生蓝图。

第2节 作为教材的故事

各地口口相传的传说、民间故事和神话都是故事的最初形态。这样对于生活在教育制度化以前的人们来说包含训诫之言的大多数故事是他们重要的教材，特别是那些根据人们的人生之言所编成的故事，在由人及人的传承过程中会起到很大的作用。仅靠口口相传的故事（口头文学），如美国原住民和日本阿伊努人等，他们世代口口传承的各个民族的传说，都是由人们口头所产生的一种尊重语言精髓、有别于依靠文字文化传播的有声文化。同时，古老的故事蕴藏着祖先们的智慧，新的故事继承经典古老故事的原型，同时又包含新的信息。

这些故事作为孩子们的教材，有着很好的教育效果。其理由总结如下。

第一，孩子可以从中产生实际的印象，易于理解。

第二，故事是按照顺序描述事情的，易于记忆。

第三，遵循事物成熟的规律，孩子们的成长也需要时间。

第四，顺理而有序，和谐而不紊乱，成长的过程最重要。

第五，可在顺序发生的事件中慢慢积累经验。

第六，与孩子们的生活经验相结合，通过故事感受生活的温度。

总而言之，故事作为教材的有效理由中，我们可以得到以下六条教育效果。

1. 易于理解

"理解"包括多个方面，可以指通过直接经验的主观理解，间接经验的客观理解和社会伦理的理解等。在自身的日常生活中，通过生活体验已经耳熟能详的语言和事物都会在故事中出现。为使故事更容易被幼儿和儿童所理解，故事中的语言使用会很具体、形象。与抽象的概念相比，最好列举日常生活中的现有物品和身边的例子，如只是笼统地讲"花儿"，不如使用"蒲公英""樱花"之类的具体花名，可以加深孩子们的印象记忆。

2. 易于记忆

为使记忆转变为知识，需要各种各样的手段，不只是靠读读写写，还有实地观察刺激视觉，触摸实物刺激触觉等激活五感去体会，以及通过文字、读音、手势、图画、印象等多种混合方法。另外，有关联的内容组成故事也能达到记忆效果，还有重复说同一件事，多次看相同的故事也会加深记忆，因为重复会变为身体的记忆，一定时间内遵循一定的顺序重复相似的经验和事情会收到更加具备辅助性的效果。记忆不只是大脑的活动，眼、口，甚至于手脚也有各种各样的记忆。这如同儿童通过百人一首的歌牌抓取游戏来记忆短歌，人们通过探访历史建筑来感受曾经生活在那里的人的生活一样，记忆就会长时间留存脑中。

3. 把握成熟时机的方法

优秀演说家德川梦声在他的著作《话术》中提出了说话艺术的终极意义是"间隔"，那么要以怎样的时间感来串联话与话之间的间隙，并且准确地把握时机呢？秘诀就是要使话语有趣。说话经验的积累是由自身独有的"间隔"感形成的。瞬间学会的东西也会在瞬间被遗忘，而长时间形成的经验会融入你的长期记忆，当然也不是一味地主张时间越长越好，因为在知识和技术的习得过程中，学习内容是要有一个适度的时间的。

4. 循章按序

在决定教学内容时，范围和顺序的决定有着举足轻重的作用。学习是循序渐进的过程，在你朝前迈出下一步之前，既要回顾你之前的一步，又要迈步向前行进是很重要的，故事也是同样的道理。在一件事情发生之前，它的起铺垫性的情节是很有必要的，就像突发事故和天灾这样的情况下，为使故事的听众或读者能更好地理解，做好对事故和天灾发生之前出现的蛛丝马迹的一些描述是很重要的。另外，在学习过程中学生感到举步维艰时，希望故事的叙述者做好他们的优质脚手架，给他们一些提示，让儿童抓住理解故事的立足点和诀窍。

5. 经验的积累

在教育和学习的场合里，顺序这一名词包含有步骤和过程这两层的含义。步骤的侧重点是为了达到目的而进行的一系列实际程序和之前为获取结果所做的判断和预想，按部就班的动作就包含以上的内容。过程是进行过程中伴随衍生的一系列事项，包含从确立目标到达成目标这一阶段所有的事情和经历。这种过程是为了积累客观事实和事件的经验而进行的。

6. 结合生活经验

想象力具有把故事跟我们的生活连接起来的作用，人类本质上是一种讲故事的生物，厚东洋辅教授从叙事论的视角来捕捉社会认识的形成过程，并通过叙事这一行为来考察人的"生活世界"，由此生成的全部经历在被人们谈论时，就自然形成了拥有明确形态的生活世界（厚东，1991，258 页）。

人们从经历中选出特定的语言、行为和人生插曲，并使用特定顺序来讲解的一系列故事就促使了生活世界的生成。

从日常的事件中选择话语和行为来讲解，形式包括小说的梗概和故事。故事是由一系列的插曲构成的，各个插曲中都有开始、发展和结尾这样的线索，因此，主人公们在接受人生的考验（受苦）和对未知的探索（寻求认知）中挣扎、奋斗、摸索真知，诸如这样一系列的人生片段，会使我们受到极大的感动，并从故事中的主人公和其他角色身上找到我们作为人类的成长轨迹。

第 3 节　故事的选择

在运用故事这个手法开展教学时，教师们如何在种类繁多的故事中选择合适的内容呢？选择合适的故事需要引起我们极大的重视。故事的种类丰富，从古典故事到幻想故事多种多样。特别是在从小学高年级到中学的这几年里，朋友关系在青少年的生活中日益重要，在这段时期，来自大众传媒、电影、电视剧、动漫和游戏的巨大影响是毋庸置疑的。从国立教育政策研究所的读书教育调查结果来看，青少年近期所读的书和漫画中，有《棒球伙伴》和《哈里·波特》之类的有关主人公成长的书籍，也有《银魂》和《家庭教师 Hitman Reborn!》之类的使人放松的搞笑的漫画，这类漫画书多带有逃避现实的内容（国力教育政策研究所，2010a）。不过，这类搞笑漫画中也有关于主人公成长过程的内容，也许正因为这些内容能够引起共鸣，所以才能引发孩子们的阅读兴趣吧。另一方面，进入中学成了中学生后，孩子们也需要认真读一些大人们阅读的作品，并做到知晓其意。

"如果讨厌阅读教科书的学生对既长且难懂的故事感兴趣的话，就说明这个故事的内容与他的实际生活有着某种联系。实际上，要使学生们意识到，那些被他们认为无聊至极的教科书的内容并不是和我们的生活毫无关联的，也就是说，要让他们学会推人及己，推己及人，无论这是多么困难的工作，都是身为教师必须做出努力的。教师采用各种方法叙述故事的内容，努力让学生们觉得他们所学的知识有趣，如果此事成功，阅读故事就会成为孩子们兴致盎然投入学习的良好契机。"（喜多村，1995）

第4节　作为人生指南的故事

生活经历和生活的稳定性会影响我们同一性和自尊情感的形成，这种稳定性又会因各种要素产生变化。假如我们将各自的人生轨迹当作赋予人生意义和系统化的故事来理解的话，每个人就会有每个人的故事。教师自身的故事与每个学生的故事之间也是有关联的，这样一些小故事，也能在某一地区和世界的大故事中发挥效应。

但是，每个人的存在不应该被世界、某一地区和他人的故事任意摆布。我们所处的世界，是一个动态、开放的世界，存在着各种各样的问题和任务，等待我们去解决与面对。

"不要认为人类只是单纯地为了'生存'而存在的生物，人类是历史、文化、社会中'真实存在'的生物。人类是自己铺路，走自己的路，引渡自己的同时，改良自己的路，也完善自我的存在。"（Freire，2001）

当我们怀有人生目标和梦想，背负工作中的义务和必须扮演的社会角色时，即便为了目标的完成，也有必要根据他人、集体和社会计划，来调整和制订自己的人生计划和事业计划。

儿童和学生的故事（人生）

儿童和学生的故事（人生）

家庭（定位）的故事　　　家庭（结婚后）的故事

（教师）**个人的故事**（人生）

学校的历史（从现在到未来）

地区的历史（从现在到未来）

世界的历史（从现在到未来）

图 8　从小到大的故事

但是年轻的时候，这种人生计划和事业计划却意外地难以完成。如图 9，是以 20 岁到 50 岁的 400 名成年人为对象，调查他们日常读书活动的情况，其中有一个问题是询问被试者们是否制订了自己的人生计划和事业计划？越到高年龄层的被试，其肯定性的回答有升高趋势；但低年龄层，从 30 岁这一年龄层往下的被试者们，回答"制订了人生计划"的比例却在下降，究其原因估计是年轻人要面对结婚和工作不稳定等人生转折点，因而感到制订人生计划不是一件容易的事。

公立学校的教师大多数是公务员，相较于企业的从业人员来说，教师是一份比较稳定的职业。近年来，一些大学的教师培训课程重视学生教育能力的培养，录用了一批有实际教学经验的一线教师来任教，还有一些教育科研职位也放开对公立学校教师的录用。但是，这毕竟是少数事例。在少子高龄化的社会里，随着学校的调整合并，录用职位的数量也有可能减少，而学校在职教师的工作量却在增加，学校逐渐成了一个压力巨大的职场，不时出现教师因健康问题而辞职的情况。因此，教师这一职业未必就如同自己想象的那样一帆风顺。

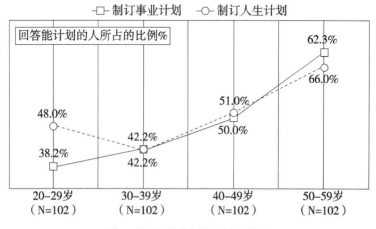

图 9　按照年龄分类制订计划的能力

社会的变化要求教师也随之做出职业调整，要求教师自身为适应社会的变化，要重新确定自己的社会地位和角色，客观评估自己的能力，关注社会问题，为获得新的技能确保学习时间，并积极付诸实践。在学校的教育现场，教师从每日的授课计划到学校的年度计划，需要制订多种计划。在制订计划时需要考虑以下几项内容。

第一，制订大致的计划（反省过去、预测成果）。

第二，标和基础（决定目标、打好基础）。

第三，资源（时间、经济费用、人力资源等可运用的资源以及现实的可能性）。

第四，每天（年度）行动的优先顺序。

第五，方法的选择（实现目标的适当途径）。

第六，随时检查进展情况，及时调整布置。

擅长制订计划并最终实现目标的教师，他们的做法是，把上述项目一个个厘清，计划从"未定"到"预定"，再从"预定"到最后"决定"实施。特别是类似于一些教学计划，不一定全部是由学校单方面决定的，需要根据教育委员会的计划、地方的计划和国家的计划予以调整，受到很多外部要素的影响。同样，教师个人的职业计划也会受到很多要素的影响，如孩子和配偶的计划、照顾父母、同事持有的职业计划等多种生活事件的干扰。职业计划需要提前制订，在生活事件突发之时，才能按需立即做出调整。

第5节　为保证目标实现的自我管理

教师的叙事力非常重要，不仅可以开发新的教材，也会在学校工作的各个环节中发挥重要作用。如遵从学校的学年课程计划，制订年度和每周的教学计划，从实施每天的授课计划到兼顾学校各种社会活动的过程等工作环节。此外，教师的叙事力还会在教师为提高自己的专业教育能力，制订个人学习计划上也大显身手。

如果将这种制订复杂多样的职场计划并实施的过程当作学习过程来考虑的话，教师作为学习的专家需要进行严格的自我管理。其方法有：反思、回顾计划（省察）；进一步通过实践来反省检查自己；通过失败得到教训。把靠实践、摸索获得的隐性知识总结成文字，变成可与他人共享的显性知识，这个过程就是作为学习专家的教师的自我管理。

图10是作为专家的自我管理过程示意图。第一，为了完成分配来的工作和课题，要明确必要的学习计划是什么。第二，明

确资源。为了实现这个计划，充分利用各种资源，其中有通过对他人的提问和对自我的提问得到的知识，还有自身具备的一些资源，把所有可以利用的资源结合在一起，共同进入实践。第三，对计划的反省。制订计划后，有必要通过他人的视角，以及与自己内心的对话进行反思、分析，调整原始计划。第四，对实践的反省。把通过实践自我反省的内容用文字总结成可视的显性知识。第五，隐性知识文件化，成为显性知识。把自己通过实践获得的隐性知识用文字总结出来，转化成显性知识，供他人阅读、学习和利用。

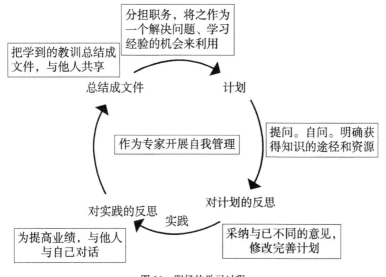

图 10　职场的学习过程

　　制订计划，自我管理的能力非常重要，实际上在世界各国的核心素养调研项目中，都可以阅读到与此有关的内容。自我管理（自主学习、工作的能力）在芬兰的核心素养研究课题中，是指"评估自己是否具备迎战新任务的能力"和"综合评估和分析自己的技术、学习过程与结果的能力"；在德国的核心素养研究课题中，是指"自我主导性的学习能力"；在挪威的核心素养研究课题中，是指"主动制订自己工作和学习计划的能力"；在美国的核心素养研究课题中，它被作为"教师的核心素养"之一，成为教师标准评估的内容。

在被称为美国CAATS（Competency Assessment Aligned with Teacher Standards，教师标准素养的评估）模型里，制订计划、自我管理首先要从观察学校和教室的状况开始，在掌握了第一手实际资料之后，根据国家、地区、学校的各级教育标准制订该学校的计划和整体授课计划，为了切实完成这个计划，要制订必要的业务分工一览表。因此，这个过程中，最重要的步骤是，在实施计划的过程中，尽可能将目标客观化、具体化，才能整理出为实现各个目标而有必要开展的授课内容和教学资料。扎根于各个学校、教室状况进行的教育活动，才能成为教师和学校的共同财产，将其成果文字化并普及到其他学校和其他教师。其他学校和其他教师可以借鉴之，并为了获得在自己学校、自己教室的有效成果而去努力，开始自己的计划和自我管理。

步骤1：目标、活用、评价内容和状况的定义
步骤2：依照标准制订适合的计划
步骤3：依照计划制作业务一览表和更新
步骤4：客观的收集资料、制作
步骤5：资料的依赖性和有效活动的确保

出处：Wilkerson（2007）

图11　CAATS模型

综上所述，在知识社会中，计划和故事要尽可能转换为可视的资料，成为客观的显性知识，这在知识型社会尤其重要。为了实现这个目标，要求教师具备强大的，而且要简单易懂的表现力。

第5章

表现力

——磨炼个性——

第1节　为了生存需要具备的表现力

继展望力、叙述力之后要求教师要有陈述自身所持视点（展望）、计划（故事）等的自我启发能力，即表现力。DeSeCo 提出的核心素养中将其定义为：了解并主张、表现自身的权利、利益、局限、需求、责任的能力。要求教师既要有作为一个人所具备的基本表现力，还要有作为一个教育者应具备的专业表现力。

首先为什么需要具备基本表现力？因为处在这个复杂的现代社会，我们的权利、利益、需求有可能与他人不断产生对立；在日常生活中，作为一个市民，或者作为一个家庭成员，担当着不同的社会角色，需要做出重要决定的时候，我们又会面临承担诸多责任。而影响这一切的社会规则却变得越来越复杂。诸如此类情况都需要我们具备基本的表现力。因此为了让自己成为一个能够保护自己的权利和利益不受侵犯、尽到自己应尽的责任和义务、做符合自己社会角色的重要决定的人，必须坚持不懈地保护我们自身的权利、利益、局限和需求。

一方面，保障一个人生存的权利，比如说，我们保障薪酬、舒适的健康生活以及保障学习的机会，这些都是必要的；另一方面也要求我们作为某个组织的一员积极参加社区和学校的活动并行使我们的决定权。

我们为了行使日常生活中的权利，承担相应的责任并做出诸多决定，需要在日常谈话中注意与人交流的技巧，在涉及制度、法律方面问题的时候需要专业知识，撰写事务性文书的时候还需要写作技巧等，这些方方面面都需要表现力。生活需要我们有时要作为一个家庭成员，有时要作为一个有专业技术的职业人，有时又要作为某一社区的居民，当我们面对其他家庭和各行各业的人时，不管公开场合还是私下里都需要有基本的表现力。

我们从学校毕业以后踏入社会仍然需要继续学习，因为法律、规则以及制度也在不断发生着变化。我们要详知我们应有的权利和应尽的义务，对生活的需求和能得到的利益，这些在受到侵犯时要积极指出，人人具备这种自我保护的行为是非常有必要的，要靠我们每个人自己的努力来争取和维护。但是要注意，作为一个人，你认为是理所当然的行为，但超出该社会的极限时，会受到社会性的制裁。尽管如此，我们依然要主张作为一个人生存应拥有的基本权利以及作为一个团体存在应具备的基本权利，为了尽到作为社会人的职责，这需要我们能够主宰自己的人生的能力，即表现力。

在人人都可以评论教育的时代，学校处于前所未有的艰难环境。教师发挥作为教育专家担当起教书育人的责任的同时，也要学会保护自身的权利，这是自律行为的根本，身为教师也要求具有这种基本的社会姿态。

第 2 节　作为教育者的表现力

社会对教师的要求很多，但是教师自身要明确知道自己的极限和能发挥的作用，向他人展示自己承担着能发挥这些作用的责任。如何向他人展示自己的责任和作用呢？守谷雄司列举了以下六条工作的责任（守谷，2007），这些也同样可以用于教师身上。六条责任内容如下。

第一，有接受上级领导的指示和命令的责任。

第二，有正确、快速、如期有效地开展工作的责任。

第三，有在突发意外不测之时，立即向各方报告不好事实（坏的事实）的责任。

第四，有作为团队成员互相合作的责任。

第五，有尊重规定和守秘的责任。

第六，有给学生带来学习的喜悦和做出成绩的责任。

上述六条责任说明了教师是一个个体的同时，也是教育行业的组织成员之一，承担着该行业成员需要担负的社会责任。在此，如何提高作为教育者的表现力，在此介绍以下两点。

第一，熟练运用教学道具的表现力。有关如何培养运用教学道具的能力，我将在本书后面的章节中做详细的阐述。目前，可以利用多种多样教育媒介开展教学活动，所有的学科通用的道具有黑板、电脑、电视、书本等教育媒介，教师自身要积极利用这些工具，但要注意，不是单纯的操作这些工具的能力，而是有必要学习教育媒介的读和写的能力，教师带领学生对这些教育媒介所传播的内容、信息进行分析、批判和再创造，在这个探索学习的过程中，要扩展青少年们的知识面，提高他们解决问题和技巧的能力，培养他们养成独立思考的习惯（图12）。教师具有高度的教育媒介运用能力在培养学生对于知识的掌握、分析、再现、关联、解读、深思熟虑、评价等学科核心素养方面尤为重要。

然而，如果不利用这些电视、电脑等教育媒介就无法开展教学的教师，其教育专业素质还有待提高。一个称职的教师即使在缺乏资源的教育环境中，也能发挥教育表现力，这就是我要强调

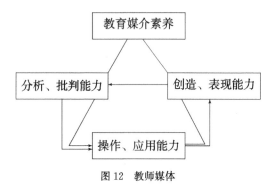

图 12　教师媒体

的第一点。

第二，教师自身练就基本的表现力很重要。表演家、戏剧教育专家竹内敏晴基于自己的经验阐述教师必要的表现力，具体如下。

"教师这个职业是一个特别容易形成过度自我防卫的职业，因为教师处在领导和学生家长的夹缝之间，一旦发生问题就没有退路。但是，如果教师想走进孩子的内心深处，就需要放弃自我防卫意识。我从事表演这个行业，从自身的工作经验来说，表演、形成气势、发起行动、大胆投身于想象的世界、用心去表演、全心全意投入感觉的那种工作状态，即暴露自我，展现内在自我，只有通过这样的表演行为，才会将自己的价值观以及自己的想法等真诚地传达给观众，观众们才能通过我们的表演感受到内心最为珍贵的东西。教师这个职业跟表演一样，再进一步讲的话，对教师来说课堂就是舞台，放弃自我，展现自我，走进孩子内心深处的教育才是真正的'课堂'。"（竹内，1999）

教师自身人人都是优秀的教育专家，热心的学习者，只要我们把将这一姿态从内心表现出来，我们在教学上的表现力就会得到极大的提高。如何能做到这一点？这需要我们有一颗要求进步、不甘落后的上进心。

第3节 上进心

从第3章开始，我们把展望力、叙述力、表现力视为自我启发力做了阐述。但是现实生活中，如果没有动机来实践自我启发力的话，谁也不会想到自我提高。在这个意义上，可以说这个能力的基础是以原本每个人都有的上进心为前提的。而这个上进心真的是每个人都具备的吗？

法国哲学家伯纳德·施蒂格勒（Bernard Stiegler）抢劫银行之后被逮捕，经过5年牢狱生活之后回归社会。他在监狱中利用图书馆进行大量阅读，同时大量写作，通过与自己的对话思考人类的极限和可能性，成了实践的哲学家。在蒙特勒伊剧院举行的面向儿童和家长的"小演讲会"上，关于上进心，他是这样叙述的。

"使人们朝气蓬勃的是，人们想往高处走、实现更高目标的欲望"（Stiegler，2009）。

"对孩子而言，爬一座大山或者是爬一个小山丘都不是一件容易的事情。但正因为是不容易的事情，孩子们才更想去做，当真正去做了，真正实现了的时候，他会觉得生活非常有趣。"（Stiegler，2009）

我们经常被矛盾的两种心情所左右，一种是勇气（努力），另一种是怠慢（犯懒）。持续不懈的努力会让人感到疲劳，所以有时人们会想稍做休息。但是所谓怠慢就是一直休息，停滞不前，时间久了，生活方式本身就变得懈怠，人就会慢慢失去作为一个真正的人的特性。

"因为人的一生是不断发现新的人生、重新过一次新的人生的过程。只有这样才称得上是真正的人的生活方式，它不同于动物的生活方式，与平庸的不求上进的生活方式也迥然不同。这种

充满人的特性的生活方式就是不断学习怎样活着。"（Stiegler，2009）

　　对教师而言，过大的工作压力和过度的生活疲劳会导致他们逐渐丧失上进心，这也是可以理解的。教师的综合能"力"不单单是指能力，也与身体的活力和健康直接相关。随着年龄的增长，活力下降，这一点对刚步入花甲之年的我是深有体会的。当感到压力和疲劳的时候，我们要从各处吸收活力，恢复精神很重要。对教师来说，最能得到精神和支持的地方就是自己的家人、同事、学生、学生家长和领导，以及包括居住在同一个社区的人们，以及来自他们的鼓励、关爱和喜悦。是的，教师的上进心就是由这些良好的人际关系来支撑的。

第三部分

人际关系能力

——在异质团体中的交流能力——

第6章

对话能力

——建立关系——

第1节　学会如何共同生存

在第二部分中，我们讨论了展望力、叙述力、表现力等自我
启发能力、自律活动能力。这种能力可称为"独立生存能力"。
然而，作为教师的"人间力"，顾名思义，"人与人之间"的能力
是不可或缺的。与他人"共同生存的能力"属于核心素养中的人
际关系能力的部分。下面，我们将第二大核心素养概念、在异质
团体中的交流能力看作人际关系能力，依次对对话能力、协作能
力、问题解决能力进行讨论。

1972 年，联合国教科文组织在报告书"学会做人"（Learn-
ing to be）中，对各种学习方法进行归纳总结，提出了三个学习
原则。一是"学会认知"（Learning to know），即关于学习方法
的学习原则；二是"学会做事"（Learning to do），即把作为知
识学到的东西通过实践和经验来进行学习的原则；三是"学会做
人"（Learning to be），作为一个人，要尽量发挥人的整体性的
原则。前两个原则主要针对个人的学习而言，而最后一个原则回
归到了人的整体性。可见，将其作为三个原则提出来，稍显

勉强。

之后到了 1996 年，在联合国教科文组织 21 世纪国际教育委员会发表的报告书《学习：内在的财富》（*Learning：The Treasure Within*）中，在"学会如何做人"的原则之前，又增加了"学会与他人共同生存"的原则。这个"学会与他人共同生存"的原则被认为有两点：一是理解他人，二是在日常生活中以共同的目标为纽带共同努力（联合国教科文组织 21 世纪国际教育委员会，1997）。关于后一点将在下章的合作能力中进行讨论，我们先来讨论如何理解他人这个问题。与他人相遇后，如何才能通过对话提高理解他人的能力呢？

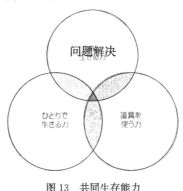

图 13　共同生存能力

第 2 节　对话的能力

联合国教科文组织的报告书指出，"要理解他人，必须先了解自己"。（同，73 页）就是说要在了解自己的基础上去了解他人。但是，为了了解他人，很重要的一点是要与他人建立某种缘分或者纽带的关系。因此，对话的能力是由了解自己、培养与他人的关系、了解他人三个行动构成的。

2.1 与自己对话

我们都认为自己对自己很了解，其实并不尽然。每个人都有自己特有的爱好、习惯、行为准则、思维方式、对自己的肯定或否定的印象，镜中看到的自己和他人所持有的印象有时相同，有时不同。其实我们并不完全了解自己。即便是职业运动员，经常是自己技术上存在的某些问题只有别人指出来才能察觉。有些自己没有意识到的问题，直到失败后才意识到。还有些问题，自己以为很了解，其实并非如此。

比如，当我们遭遇失败时，必然会面对"为什么会失败呢?"这样一个问题。这时，有两种学习方法。一种方法是单纯站在"怎样做就可以不失败"的角度，对技能和知识进行学习，采取临时性的、短期性的措施解决眼前的问题，而不去关心本质问题。这种学习方法可称作"单路径学习"。

另一种方法可称作"双路径学习"。不仅接受别人的指正，而且会多问自己几个问题，诸如"自己对事物的看法是否存在问题呢?""自己为什么要坚持那样的做法呢?"等，这些都涉及自己思考问题的方法、固有观念和思维框架，从自身的问题进行反思，以找到从根本上解决问题的办法。这种双路径学习的特点是，针对自己的失败，不是有意无意地防范别人提出意见，而是积极地倾听他人的意见，从其他视角重新审视失败，从中学习，促进自己的成长。

要掌握这种双路径学习方法的第一步，是要坚持将失败"记录在笔记本上"，以免忘掉。当然，不仅仅是为了记住它，而是通过拿起笔进行记录这个行为，创造出"与自己对话"的条件和环境，以寻找解决问题的办法。同样，与他人进行对话时，如果觉得对方的见解有益，哪怕是一种演技，也要记录到笔记本上。对作家和技术人员，越是称为专家的人就越是习惯将自己的知识整理在册。因为记录下来的专业术语越多，这个人的专业能力就越强。

有人曾经研究过关于成人如何从经验中学会学习。比如，大卫·库伯（David Kolb）就认为从经验中得到学习必须掌握 4 种能力（Kolb，1983，p. 30）。第一是获得具体经验的能力（Concrete Experience ability，CE）；第二是站在反省的立场上观察问题的能力（Reflective Observation ability，RO）；第三是将问题抽象化、概念化的能力（Abstract Conceptualization ability，AC）；第四是积极进行实践的能力（Active Experimentation ability，AE）。第一阶段获得具体的经验，第二阶段对获得的经验用反省的眼光进行审视，第三阶段通过抽象后形成概念，最后第四阶段将形成的概念积极运用到实践中进行检验，最后重新回归到最初的具体经验。为此，与自己展开对话，尤其是运用双路径进行学习，对专家的成长来说是非常重要的。

2.2 建立和培养关系

并不是说不了解自己就不能与他人建立关系，而是为了更好地了解自己，必须同时与他人建立和培养关系。与他人建立关系时，培养一种眼睛看不见的纽带或亲近感是非常重要的。而且，如果纽带短而粗则联系更加牢固，反之，如果长而细则容易发生断裂。亲近感则是由心理关系（共情性、亲和性）、物理关系（接触、距离、方向）、社会关系（社会地位、对等性、援助关系、差异性）等组成的。

作为教师，如果认为由于制度上的原因，与学生之间一开始就理所当然地存在着某种关系，那是大错特错的。教师的工作是从与学生之间建立人际关系开始的。在《二十四只眼睛》等许多电视剧中，就有教师用心记住学生名字的片段。电影《ROOKIES》（编辑注：中文名为《菜鸟总动员》）中，学生们对新任教师川藤幸一能记得全校学生的名字和对方棒球队队员的名字而感到吃惊。这说明，只有系紧纽带、筑牢关系，才会有真正教育意义上的师生关系。下面介绍建立人际关系过程时常用的 5 种典型的方法。

1. 自我介绍

不只是在学校，在任何地方与他人建立关系时，首先要通过自我介绍让对方知道自己的名字。这时，自己对自己是否了解，了解到什么程度就很重要。对自己了解得越深，自我介绍就越成功。通过介绍自己的过去、现在、未来的规划以及自己的兴趣爱好，让别人更好地了解自己，才能给大家留下深刻的印象。

2. 记住对方的名字

记住一个人的名字，表示你对这个人予以认可。为了使双方之间的纽带联系更紧密，就要想办法记住对方的名字。对他人的照片、名片等要做记录，平常频繁地叫他人的名字，写信或发邮件时，书写对方的全名。这些努力都会使名字从短期记忆向长期记忆转化。不要把人的名字仅仅看成是一种符号，人的名字中蕴含着社会渊源和历史变迁，是有一定意义的。知道一个人的名字是与这个人建立关系的开端，而记住这个人的名字则是与这个人维持人际关系的过程，忘记一个人的名字，则意味着失去了与这个人的关系。

3. 增加与他人的接触

人际关系中包含自己希望建立的关系和希望避开的关系。如果你希望与一个人加深关系，除了偶然与这个人相遇外，还应该主动创造出必然的相遇机会。比如，可以定期相聚，在日常生活中增加接触机会。不能因为与学生天天接触，就忽视与家长的关系，仅停留在定期会晤的程度上。增加与家长的接触对解决学生的问题是很有帮助的。与家长的相聚和接触越多，家长就越了解教师，从而对教师的期望就会越高，这样能促进家长和教师之间的互相信任。

4. 增加共同点

人与人之间既有不同点也有共同点。因此，为了让纽带更加牢固，就要想办法增加双方之间的共同点。刚开始或许有许多不同点，但通过一起相处的机会的增多，在一起活动，共同经历一些事和具有相同的知识，自然会产生许多共鸣。人与人之间共同点越多，交谈就会越投机，工作会越容易，相互理解得就越深。

5. 关于人的认知和感情

综合上述 4 点可以看出，为了建立良好的人际关系，记住一个人过去的经历以及性格等认知和感情是很重要的。是否"认可一个人"取决于对这个人知道的多少和记住的多少，与这个人有多少感情，能否站在对方的角度思考问题。不仅要在日常生活中注意观察他人，还要通过对话了解对方的内心世界，才能使双方之间的纽带更加牢固可靠。对每个学生做到深入了解并帮助其成长是教师人间力的关键。为此，观察不能停留在表面上，要加强和学生以及家长进行敞开心扉的交流和对话，才能真正加深对人的理解。

2.3 通过对话培养与他人的关系

什么是对话呢？根据物理学家和哲学家博姆（Bohm）的解释，对话是思想的交流，人们通过对话与社会产生联系。通过对话，人与人之间以及人与社会之间有了思想的共享，有可能产生新的思想和关系。与此相对，讨论则会产生意见的冲突，进而发展为竞争和斗争，有可能导致关系的破裂（图 14）。（Bohm，2007）

然而在现实中，对话能使双方都得到满足的情形并不多。

导致对话不畅的主要原因是人们普遍倾向于坚持和维护自己的观点。每个人都有自己不同的背景，具有不同的看法和意见实属正常，这是不可改变的。博姆认为，通过对话并循序渐进地达到思想的共享是非常重要的。因此，对话是需要时间的。

比如，教师要通过对话改变众多学生的观点和思维，是需要很长时间的。

于是，博姆尝试探索如何改变一个集体的思维的可能性。

每个人都会想许多事情，但"想事情"和"思考"是不同的。思考时，大脑要进入记忆的世界，开始自由的活动。记忆可对身体产生影响，也会改变感情。从这点来讲，我们未必能看准事实。语言和印象给人造成的暗示与自己已有的认识和经验相联系，最终生成我们对人和物的描写。

"思考具有对自己经历过的事物进行描写的功能"（Bohm，2007）。

对一个画家而言，森林是一个具有绘画价值的对象，而对散步的人来讲，却是能够听到鸟儿唱歌的地方。同样是森林，不同人脑海中的描写是不同的。人与人的关系也是如此，过去的经验和记忆使人的描写行为具体化。

"人与人之间的关系，取决于自己如何向对方展示自己，别人又是如何向我们展示他自己的"（Bohm，2007）。

如果我们把思考看作一种通过描写产生印象的行为，那么，描写的改变必然会导致思考的变化。魔术师的魔法虽然神奇，但一旦魔术被公开出来，谁都会认识到魔术师并不是魔法师。

我们对提示给我们的印象有了足够认识后，又是如何对这种印象进行再提示或者描写的呢？通过探讨这其中的思维模式，我们发现当人们对印象的描写方式稍作改变，就很有可能使人们的认识产生很大的变化。通过改变对自己或对对方的描写，就是将那个人的印象描写为好的还是坏的，根据所提示的印象的改变，人与人之间的关系也会随之改变。作为一个教师，最大的幸福就是与学生之间建立一种心与心沟通的纽带，这种记忆难道不是由学生们所做出的描写、学生们心中的教师形象所形成的吗？

图 14　对话的过程

第3节　与学生的对话

在学校里，与学生的对话尤其重要。

教师怀着热情与学生展开对话，是需要具体技能的。关于这一点，社会心理学家相川充教授的《教师应具备的社会文化素质》中有详述，推荐一读。

在与学生的对话中，最重要的莫过于课堂上的对话。通过在课堂上的对话，可以了解到学生对所学内容的理解程度。与考试是一种终结性评价不同，伴随着日常性反馈的评价活动被称作"形成性评价"。

所谓形成性评价，是指"对学生的学习需求进行确认，在此基础上调整授课方式和教学内容，激励学生学习，帮助他们有效调控自己的学习过程，使学生获得成就感，而开展的频繁对话式的评价"。

2002年，OECD教育研究革新中心针对8个国家进行了调查，其调查结果表明，在中学开展关于提高学习能力、学习成果的公平性和学习技能的学习实践活动的教师，具有以下6个特征（OECD教育研究革新中心，2008）。

1. 树立促进对话的课堂教学文化

教师鼓励学生不要害怕失败。将教学重点放在培养学生的自尊心和提高学生对学习的热情上，而不是培养他们的竞争意识。

2. 跟踪朝着学习目标而努力的学生的学习进步轨迹

重视记录每个学生在学习上取得的进步，打好实现目标的基础。

3. 根据学生的实际情况，灵活运用多样性的指导方法

多动脑筋，在充分考虑学生的理解和感情的基础上进行教学。

4. 灵活运用多样性的接近学生的方法

收集并掌握关于学生的理解和学习进步状况的各种信息。

5. 授课中注意对学生的反馈

根据反馈的时机和内容对授课计划做相应调整。

6. 鼓励学生积极参与

引入自我评价表等，想办法给学生提供动力和适当的学习方法，以提高学生的学习技能，引导他们自主学习。

对学生的教育成果如何，不仅要通过考试做出总结性评价，还要对每天、每个课时做出形成性评价，这二者应用得当则相得益彰。其最终目标是引导学生在身心放松的环境中，充满自信地开展自律性学习。

要指导学生根据自己的发展状况和个性进行学习，教师必须从学生那里获得足够的信息，因此，教师的对话能力是不可或缺的。

形成性评价是将核心素养运用于教育中的非常重要的教育方法。要实现形成性评价，教师必须具备对话能力。

除此之外，与学生在课外的对话，可以产生教学内容以外的话题和信息，可以增进与学生的相互理解。在课外小组活动、儿童会、学生会活动、学校活动中，学生的自发性和同伴关系会得到加强。在这样的场合，教师要充分给予学生发言的机会，以创造不同于课堂中的对话。

第7章

合作能力

——在集体中工作——

第1节 教职员的合作

提高教师的人间力，除了提高教师的对话能力以外，还要提高与团队中其他成员的相互配合、相互合作的能力，团队协作能力是非常重要的。与校长、教务主任、班主任、其他教师同事之间搞好关系，对教师自身与学生之间关系的建立会起到重要作用。此外，在与家长进行合作，建立与当地社区各方面的关系时，如何积极运用这些关系也是非常重要的。

那么，教师在学校中希望与同事及校长等管理层合作工作的愿望到底有多大呢？根据针对全国 500 所中小学的 4000 个教职员所做的《关于教职员人生意义的意识和实际状况的调研研究报告书》(教职员生涯福祉财团，2008) 的统计，对"学校有没有建立教职员可以相互合作的机制和气氛?"的提问，回答"有"和"有或无二者择一的话，我选择有"的比例，小学教职员为 86％，初中为 81％，而高中则大幅度减少，只有 63％。

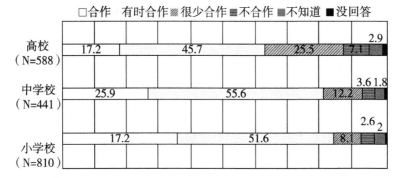

图15　教职员相互合作的校风

摘自：《关于教职员人生意义的意识和实际状况的调查研究报告书》教职员生涯福祉财团（2008）。

　　此外，在"校长和教职员的意识是否实现了共享?"的题项，予以肯定回答的比例在小学和初中为70％左右，而高中则仅有50％。关于合作体制，根据学校设立主体的不同，呈现出很大的差别。在"学校有没有建立教职员可以相互合作的机制和气氛?"的题项，回答"有"的比例，公立学校教职员为近80％，私立学校则不到60％。对"校长和教职员的意识是否实现了共享?"题项做肯定回答的，公立学校为70％，而私立学校仅为40％。

　　为什么随着学校阶段的升高，教职员合作机制的建立和与管理层的意识共享会变得更困难呢？一方面，可能是课程的专业化和行政部门的广域化造成的影响。另一方面，调查结果显示，合作体制的开展状况和共享化的现状并不像学校管理层想象的那么顺利和完美。调查对职业类别、职业阶层也进行了分析。在对"学校有没有建立教职员可以相互合作的机制和气氛?""校长和教职员的意识是否实现了共享?""学校有没有建立适合于提出建议的体制和气氛?"等问题的回答中，副校长和教务主任有80％~90％做出了肯定的回答，与此相比，专业教师们做出肯定回答的明显下降，为60％~70％，教务职员则更低，为

50%～60%。

但是，要充分发挥教师的能力和提高学校整体的教育水平，就需要充分发挥教职员集体的力量，教职员团队协作能力的重要性是不言而喻的。

第2节　团结一心的教职员集体

教育学家志水宏吉教授在"高效学校"研究的基础上，对什么是具有日本特色的"强有力的学校"进行了探讨，并提出了如图16的校车模型。据志水宏吉教授介绍，美国的埃德蒙兹市对美国西北部约800个学校进行了调查，找出了55个所谓的"高效学校"，并总结出以下五个特点（志水宏吉，2009）。

（1）校长具有统率力。

（2）教师团队具有共同信念。

（3）学校环境安全而且安静。

（4）教师具有公平而积极的态度。

（5）开展学习能力的评估并反思评价改进教学。

志水宏吉教授参考上述特点，对如何建设日本高效学校进行了长年的研究，提出了更加切合日本社会实际的校车模型。图16所示的特点中，"团结一心的教职员集体"被放在发动机的重要位置，说明一个集体如果没有凝聚力，就不可能有效运转。

"学校建设的根本，在于如何组建成一个团结一心的教职员集体"（志水宏吉，2009）

其出发点在于，教职员要有"为了孩子们，能做到的一定努力去做"的共识。这个发动机是由"充分激发集体力量的统率力""基于相互信任的集体合作"和"相互学习相互培养的同事性"组成的。校长、教务主任以及由各年级班主任组成的中层领导的领导能力非常关键。不但要领导教师，还要领导职员也一起团结起来。在友好协作的同僚性程度较高的学校，会形成一种相互帮助的风气，在这样的地方，教师拥有更多的成长机会。

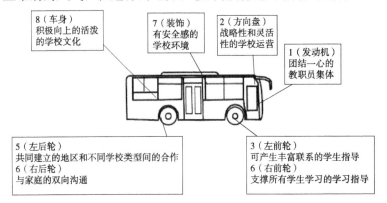

8（车身）
积极向上的活泼的学校文化

7（装饰）
有安全感的学校环境

2（方向盘）
战略性和灵活性的学校运营

1（发动机）
团结一心的教职员集体

5（左后轮）
共同建立的地区和不同学校类型间的合作
6（右后轮）
与家庭的双向沟通

3（左前轮）
可产生丰富联系的学生指导
6（右前轮）
支撑所有学生学习的学习指导

摘自：志水宏吉著（2009）《关于"强有力学校"的研究》大阪大学出版会

图 16　强有力的学校（校车模型）

在教职员集体这架发动机的推动下，学校机器得以运转。葛上秀文谈及这个集体的合作性时指出，鉴于教师文化的特点和年轻教师增加的现状，提高每个教师的专业性固然重要，但具有合作精神的教师文化对于学校建设更加具有举足轻重的作用。（葛上，2009）

"并不是要求每个教师顾虑周围教师的存在而限制自己发表意见，而是要在建立每个班级每个学年的共同目标，在此基础上，各位教师充分交流彼此的真正想法，构建一种团结合作的关系"（葛上，2009）。

葛上认为，要建立团结合作的教师文化，"关键是提高管理层为首的统率力和每个教职员的交流能力，将这两者有机结合起来，就可以营造出一个能够激发每个成员发挥自己的优势，投身到集体中的氛围，使具有团结合作精神的教师文化趋于成熟"（葛上，2009）。

那么，为实现"强有力的学校"这一目标，怎样才能提高教师团结合作的能力呢？自上而下的强制性培训和集体活动固然重要，但作为每个教师，怎样才能自主地提高自己的合作能力呢？

第3节　合作能力

能力是有级别的。这是因为，一个人能力会随着自己所面对的问题的复杂程度而变化。因此，对个人能力进行评价时，不能只从这个人具有的某种技能和条件来评价，而要从这个人在面临各种级别的困难时具有的稳定行动力来评价，这一点尤其重要。

合作能力是核心素养之一，归属于"根据现状使用社会资源，取得预期成果"的核心素养范畴。人的合作能力可划分为以下几个级别。

（1）不愿意和别人一起工作。

（2）基本不能和同事一起工作。

（3）得到帮助时，可以和别人一起合作。

（4）无论何种状况，均可以与其他人一起合作。

（5）可以指导他人如何开展合作。

为了提高合作能力，对于处于上述1～3级别的人而言，如何学习合作的方法很重要，而对处于4～5级别的人而言，相互之间如何认识这种方法是很重要的。为此，需要认真思考合作性的实质内容到底是什么。

塔姆等人介绍了引导合作性的五种技能（塔姆和鲁艾特，2005）。第一种技能合作意图。即要有相互合作的意愿，不能有拒他人于门外的态度。拒绝态度越强，就越会失去灵活性，变得僵化。第二种技能是坦诚。即敢于讲真话，善于听取他人的意见。能否建立人与人的信赖关系，取决于能否讲真话。第三种技能是自我负责。即能够自己做出选择，并承担这种选择所导致的结果的责任。遇事不只是停留在口头，而是要做出选择并付诸行动。第四种技能是发现自我与体察别人。即提高对自己和对他人的觉察能力，在人与人的关系中，如何理解自己与他人的行动。第五种技能是解决问题和协商的能力。

在第四种技能中，塔姆提出了建立合作关系的三个行动（图17）。第一个是自己希望与他人接触到什么程度的行动。这与自己对他人如何重要和是否需要与其成为伙伴关系有关，也可称作同事性或伙伴性。第二个是自己希望影响他人到什么程度和希望被他人影响到什么程度的行动，即控制性。这与自己对他人的主导性和率先性的程度有关。第三个是能够对他人敞开谈话到什么程度的行动。一味谈论自己，反而让别人敬而远之，但适当将自己的情况介绍给对方，能激起对方的共鸣，也可称作开放型。

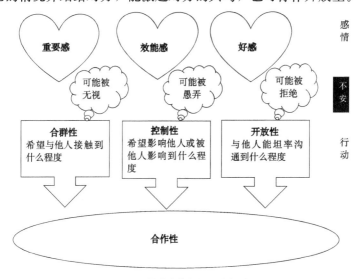

图 17　影响合作性的三个行动

根据塔姆等人的 FIRO 理论（Fundamental Interpersonal Relations Orientation，人际关系中的基本方向），人在与他人交往和建立关系中，均持有合群性、主导性、开放性这三项性格行动指标。人与人之间的关系能否成功，取决于面对与自己的行动偏好不同的情况时，能否灵活地采取适当的行动。这三个行动的背后，隐藏着根据自己的感情采取行动的灵活性。

产生合作性的第五种技能相当于核心素养中的人际关系能力的第三个技能：问题解决能力和交流能力。关于这个技能，相川教授指出，合作性核心素养作为教师的一种社会技能，是非常重要的（相川，2008），有关此内容我们将在下一章展开讨论。

第8章

解决问题能力

——获得成就感——

第1节　作为教师的成就感

在日常的教育活动中，帮助儿童和学生成长是教师的职责。与此同时，教师作为一个人，能够时刻感受到自己的成长，也是非常重要的。

在上一章中我们谈到，关于第二种人际关系能力的合作能力，即与其他教师相互合作的人际关系，它包括坦率谈话的开放性、与他人接触程度的同僚性，以及主导他人行动的主导性（支配性）。在这种相互合作的工作中，自己能力不足时得到别人的帮助，或者反过来在别人能力不足时帮助他人进步，这些行为都是经常存在的。通过这些行为，自己会感受到作为一个教师的成长，而这种感受到成长的感觉是很重要的。这种成就感和成长中所需要的专业知识、技能和积极性，不是一朝一夕就可以得到的，它不但在与其他教师的关系中，而且在与学生和家长的关系中，通过解决各种问题和经历各种失败得到磨炼而培育起来的。

为了培养青少年终身学习的欲望，教师首先自己要在提高专业水平的同时，积极实践作为一个人的成长过程是怎样的，为此，需要利用各种机会进行学习。社会除了给教师提供职业培训和刚进入工作岗位时的培训外，还会提供在职教师培训等机会。通过教师之间的相互学习、教学质量考核、参加校外研讨会、学校间合作、科目研究网络等，可以培养自己作为教育工作者的自豪感和自信心。这让我们想起，在怀特对能力的定义中，包含赋予他人某种效果的感觉，即所谓对自己能力的自豪感（怀特，1985）。

然而，教师成长的机会并不一定在制度上和社会中能够得到充分的保障。在日常工作中，兢兢业业地解决每天遇到的课题，可以逐渐感受到自己的成长，还可以在克服较大困难的过程中获得成长。无论哪种情形，对课题和问题的应对能力注定对人的成长是有益的。通过在解决课题和问题的过程中取得成果，进而从中感受到自己的成长，即便有时自己尚未体会到自己的成长，也可感受到自己与周围关系变得更加融洽，有时会得到他人很高的评价，从周围环境的变化及他人的态度和评价中也能间接体会到自己的进步。

第 2 节　解决问题的能力

关于第二种人际关系能力中，第三个能力是解决问题的能力。OECD 的核心素养中，对第三个能力的定义是处理和解决人际关系的冲突，调整对立面的利害关系，寻找双方都能认可的解决方案的能力。这种能力与建立人际关系的对话能力、一起合作的能力之间有着密切的关系，对话能力和合作能力是提高解决问题能力的基础（图 18）。

人际关系中的对立和冲突可能发生在自己的家庭中、工作场所的学校中、学校和地域社会的关系中，或者在更大的社会场合、生活中的所有场面。两人或多人共事，两个或更多团体、部

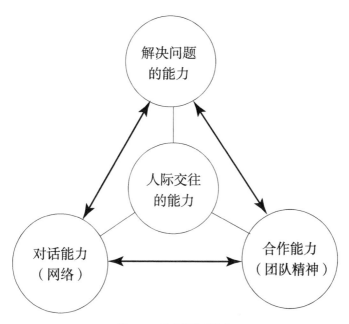

图 18　三种人际关系能力

门共事时，难免会因为每个人的愿望、目标、价值观和思维方式的不同，导致对立和冲突。这种对立和纠葛是存在于日常人际关系中的，当我们要把理想中个人的自由和价值观转变为现实行动时，不得不解决导致对立的问题，做出某种取舍的实际选择。

　　也就是说，处理和解决对立、纠葛、争斗和争论，调整利害关系，找出都能认可的解决办法的能力是必要的。律师、调解员、公民权利代言人等职业是这方面的典型代表。当然，我们不可能事事依靠这些专家，所有的人在日常生活中都会遇到与他人产生对立的情形，每个人都需要有化解对立的能力。

　　要做到正确看待对立，就是要把对立看作一种"解决课题的过程"，不全面回避和排除，而是采取冷静、公正和有效的措施予以应对。这时，每个人都要认真考虑其他人的需求和利益，处于纠纷中心的当事人不能为了自己的利益而牺牲他人，而是要努力寻找一种顾及各方利益的解决办法。为此，首先要对问题做出明确定义，找出对立的原因，通过利害关系的调整，寻求一个具有多种选择的解决方法。此外，在明确了不同意见和共同点后，通过实践，发现仍然无法解决问题时，就有必要对问题进行重新定义。

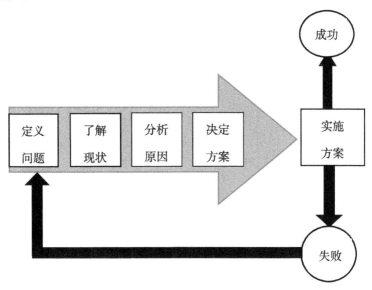

图 19　解决问题的过程

图 19 所示的问题解决过程中，问题的定义特别重要。问题当事人双方不能就问题所在达成一致，就不可能寻找到合理的解决措施。比如，如果 B 先生把问题的焦点看成是"怎样才能改变有问题的 A 先生的行动呢?"，自然很难得到 A 先生的认同。正确的方法应该是，设定一个对 A 先生和 B 先生都有益的目标，思考如何才能使两者都获得利益。此外，问题的定义与解决过程会根据问题内容的不同而发生变化，因此，解决问题的过程也不应是一成不变的。

第 3 节　多样性的问题解决法

3.1 问题管理与解决

作为针对学校管理上的问题的解决方法，经常会用到 PDCA 循环模型，即计划（Plan）、执行（Do）、评价（Check）、改善（Act）几个步骤顺序进行、循环不止的一种质量管理方法。在最后的改善步骤中，根据评价的结果，要么继续执行原先的计划，要么对计划进行修改，或放弃旧计划，重新制订新计划。换言之，把管理工作分成循环过程，通过循环不断地提高工作质量，促进管理工作规范化和条理化。

3.2 信息方面问题的解决模式

关于信息收集和检索方面的问题解决方法，迈克尔·艾森伯格（Mike Eisenberg）和鲍勃·伯克维茨（Bob Berkowitz）提出的"Big 6 模式"（Big 6 Model of Information Problem-Solving）很有名（http://www.big6.com/，访问时期：2018-12-13）。根据该网站的介绍，这个有关信息的问题解决方法流程模式不但在美国多所学校和高等学府得到应用，还可供从小学生到成人的广泛年龄段的人们在解决信息相关问题时使用。运用这种模式解决问题时共分为 6 个阶段，简单来说就是：任务驱动—寻找方法—收集信息—运用信息—表达信息—评价信息，每个阶段又包含两个下级阶段，其详细步骤如表 1 所示。

表 1　Big 6 模式问题解决的步骤

任务定义 (Task Definition)	定义信息问题的任务	运用信息 (Use of Infor- mation)	阅读、听取、概观、接触信息
	确认完成这项任务所必需的信息		引用有关信息

信息检索策略 (Information Seeking Strategies)	讨论研究决定可利用资源的范围	整合信息 (Synthesis)	从多个资源中组合信息
	列出资源的优先顺序		展示信息
信息搜索和发现 (Location Access)	查找资源	学习评价 (Evaluation)	评价问题解决的结果（效果）
	从资源里发现信息		评价问题解决的过程（效率）

摘自：Big 6（http://www.big6.com/，访问时期：2018-12-13）。

3.3 形成共识的努力

作为在 OECD 的核心素养中被重视的人际关系的解决对立问题模式，塔姆等人提出了一个以形成共识为核心的解决法（James Tamm & Ronald Luyet，2005）。作为一个法学家参加过无数交涉的塔姆提出了寻找解决人际关系对立问题的 10 个方法。这 10 个方法是：集思广益、改变视点、区分大局和小局、问题分割法、问题再构成、推倒重来、制作希望清单、着眼于起点或重点的形成、假设式思考、研究分歧点。更为有趣的是，塔姆提出了"为提高你的人际关系处理能力，可以立即付诸实践的 15 件事"，具体内容如下。

（1）说真话。

（2）认识到自己的幸福要靠自己选择。

（3）更深入地了解自己。

（4）让自己去感受。

（5）放弃指责，不要着急做出判断。

（6）不要有意识地去伤害别人。

（7）想象自己希望成为什么样的人。

（8）不设置自己的极限。

（9）积极主张自己。

（10）不遮掩自己的弱点。

（11）认识身体的智慧。

（12）让人生更有意义。

（13）给自己的成长加油。

（14）为赋予而赋予。

（15）常带微笑。

最后的"常带微笑"是说"越是真正重要的东西，越不要过分认真计较"。第 13 件事"给自己的成长加油"是说个人的成长是一生都要为之付出努力的一大工作。下面就第 12 件事"让人生更有意义"做进一步探讨。

第 4 节　教师的"人生"问题

在第 6 章第 1 节的"学会如何共同生存"中，我们就终身学习的三个原则做了大致说明，其中第三个原则是"学会做人"。在那条原则中，是这样阐述了教育的意义："教育必须让所有人都拥有这样一种能力，即自己的问题自己解决、自己做出决定、自己担负责任的能力"。在联合国教科文组织 21 世纪国际教育委员会发表的报告书《学习：内藏的财富》中指出，为了实现这些原则，提升想象力和开展创造性的学习是非常有必要的。

在一个教师的成长过程中，必须始终思考人生的意义。面对许多教育问题，教师需要在烦恼中追寻人生的意义，作为一个人不断成长，作为一个从失败中学习的学习者求得生存，这是非常重要的。

患上难以被治愈的疾病 ALS（肌肉萎缩性侧索硬化症）的美国大学教授莫里（Morrie）老师，直到生命的最后，每个周二都在坚持给学生米奇（Mitch）上课。他与他的学生有这样的对话（Mitch Albom，1998）。

莫里："我给你讲过人与人之间的争夺吗？"

"人生时而被向前的力量推进着，时而又被向后的力量拖拽着。本想专心去做一件事，但又有许多其他不得不做的事情来打扰。明明知道发火不好，但总控制不住自己。有些事明知道不应该草率行事，却总免不了糊弄交差。与人对立也是如此，双方就像各自拉着橡皮绳的一端一样，人就是这样互相绷紧、互相对立着"。

米奇："争斗的双方就像在摔跤。那最后谁能赢呢？"

莫里："你问双方争斗谁能赢吗？"

"是爱，这还用说？爱总能取胜一切对立"。

（Mitch Albom，1998）

关于人际关系，莫里老师还这样说过。

"还记得我给你讲的怎样才能找到人生意义的话吗？……要把人生奉献给爱的事业，奉献给社会，奉献给能赋予自己生命目的和意义的事业。"（Mitch Albom，1998）

"处理人际关系没有包治百病的灵丹妙药。需要用爱的方式进行调整。要给当事人双方提供机会，一起思考每个人的愿望是什么，想要得到什么，自己又能做什么，希望过怎样的生活。而在经商的世界里，为了盈利去商谈，为了获得自己想要的东西去交涉。你可能太习惯这种做法了。"

"爱是不同的。要像对待自己的事情一样，替别人着想。"（Mitch Albom，1998）

莫里老师对待人生不是单纯地站在胜负的角度思考问题。为了度过有意义的人生，就要将毕生献给爱的事业。他给自己的学生米奇留下许多教诲后告别了人世。"死亡是人生的终点，但纽带永不会终结"（Mitch Albom，1998）的教诲给米奇的一生带来了巨大影响，象征着师徒关系天长日久的教师的职责。作为教师，就要努力使自己爱着的学生们获得幸福，并从中感受到成就感和人生的意义。

第四部分

应用工具的能力

——互动地使用工具的能力——

第9章

语言表达能力

──关心他人──

第1节　"语言造就了世界"

2009年，NHK播出的电视剧《天地人》是一部历史剧，讲的是上杉景胜的家臣直江兼续的故事。他的盔甲的前装饰物上镶嵌着一个"爱"字，战国时期的武将把"爱"作为奋斗目标着实有趣，他的为人处世也令人感动，与石田三成的深厚友情催人泪下。

爱需要对人或物心存敬意。而心存敬意与人接触，必然在对话中包含向对方表达敬意的语言。另外，在拓展自己能力的过程中，如果对自己也心存敬意，那么，对自己也应该使用显示敬意的语言。从这个意义上说，为了提高自我启发能力和人际关系能力，语言表达能力是至关重要的。

OECD关于核心素养的概念框架中特别强调，在核心素养中有效使用工具是个人和环境之间开展主动性对话时所不可缺少的，在形成人与环境的相互作用中，具有丰富人的身心的功能。

"在我们的心底认为，人们是通过工具认识世界的。与世界相识并赋予世界存在的意义，在这个过程中，人们提高了创造世

界和与世界相互作用的能力，从中学会了如何应对外界变化和如
何应对新的长期课题的方法。因此，所谓有效地、相互作用地运
用工具，不但要具备关于工具和其有效运用方面的技术知识，还
包含着通过工具的有效利用而认识、确立新形式的相互作用，并
在日常生活中让自己的行为与世界相契合。"（Rychen & Salgan-
ik，2006）

有效利用工具的能力包括：语言、记号、文字；知识和信
息；技术的相互作用式的运用。本章将这些能力作为教师必须具
备的语言能力、科学思考能力和技能进行探讨。

首先探讨语言能力。OECD 的提案中是以与社会的相互作
用为中心进行探讨的。本章要进一步围绕与其他核心素养的关系
和如何提高这种能力开展讨论。

第 2 节　参与社会的理解能力和表现能力

提起语言能力，就不得不说起近几年全国上下都特别重视的
PISA 的阅读理解能力。2012 年 OECD 在 PISA 中，将阅读理解
能力做了如下定义。

"所谓阅读理解能力，就是为了实现自己的个人目标，形成
个人知识和潜能，高效参与社会而具备的理解、运用和思考文章
内容的能力。要求学生在思考文章内容时，应用他们已有的知识
理解、思考文章的结构或形式。"（国立教育政策研究所，2013a）

此外，关于成人的阅读理解能力，OECD 在 PIAAC 中是这
样定义的。

"所谓阅读理解能力，是指能够理解、评价和运用文章的内
容，以参与社会活动，实现自己的目标，丰富自己的知识和可能
性的能力。"（国立教育政策研究所，2013b）

日语中"读解力"（阅读理解能力）这个词，有点局限于阅

读文章并理解的含义，而 PISA 和 PIAAC 定义的阅读理解能力均包含学习者为实现自己的目标，丰富自己的知识和可能性，积极参与社会的内容。

PISA 定义中的"理解、运用和思考文章的内容"这个阶段是包含在问题中的。正如图 20 所示，尤其是关于反思和评价，要求"在决定如何处理问题要有根有据"，并要把自己的想法写出来。

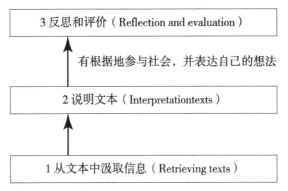

图 20　构成阅读理解素养的要素

无论哪项评估调查，都使用了日语的"读解力"这个词，但英语用的是"Reading literacy"。不过要注意的是，"literacy"的含义也是有变化的。传统的"literacy"只是表示最小限度的读写能力的一个词，但对是否具有读写能力的二分法判断标准却极为模糊。

20 世纪 90 年代，OECD 在国际成人阅读能力调查（International Adult Literacy Survey，IALS）中，开始使用了新的阅读理解能力概念，使其成为可以测定的概念。阅读理解能力这个概念不只是判定是否具备读写能力的一个标准，而且包含理解和运用书面材料的相关信息实现一定目标、发展个人知识和潜能的概念。同时，在课程计划上看，这个概念从以母语和外语等语言为焦点的排他概念，随着日常生活中遇到的定量信息和数学信息日益增多，识数能力和运用信息通信技术的科学能力成为一种基本技能。识数能力、科学能力与读写能力同样重要，是成年人运用数学思维解决实际问题的能力。就这样，阅读理解能力一词到了今天，就逐渐演变成包含对识字能力和科学能力的评价、纵贯各教学科目能力的概念。

也就是说，回顾自己掌握的知识，以评价自己是否实现了自己的目标和积极参与社会活动为中心，密切联系生活的同时，更加重视自己以及与社会的关系和对社会做出的贡献。

第3节　作为教育能力的语言能力

这种类似阅读理解能力概念在语言能力评价上的变化，其意义对教师和指导者也是非常重要的。不管教师和指导者负责哪一门学科或专业，均要思考如何提高学生的阅读素养，尤其是阅读理解能力和语言能力，这就要求教育者的教育能力也必须得到高度提高。

足球界就有这样的例子。日本足球协会的田嶋幸三在日本足协福岛足球学院（JFA Academy Fukushima）致力于培养能够与欧洲选手对抗的"用智慧踢球"的年轻选手，他在自己的著作《语言艺术改变日本足球》中指出，优秀指导者必须有能够说服选手的语言能力。

他指出，语言的力量，是以前人给我们留下的优秀语言为基础，用自己的语言编织出的一种力量（田嶋，2007）。在足球学院里，他把"练习从不欺骗你""如果你放弃了学习，就没有资格指导别人"等日本和世界著名指导者的名言做成标语，贴在宿舍的楼梯台阶上，让这些名言中蕴含的思想渗透在学生的意识中。

田嶋的做法是以近几年来语言教育思想的转变为背景的。丸山圭三郎指出，以前一提起语言，大家都认为如同姓名换个说法一样，以单词为中心学习的对象而已。但从索绪尔（Saussure）提出语言哲学的新思想，指出语言中蕴含了形成人的生活感情和对事物看法的巨大力量以后，人们不但重视文字和发音的学习，也开始重视含义和表现力的学习（丸山，2008）。

在欧洲语言教育发生变化的背景下，田嶋主张在日本也应开展通过语言教育活动，通过语言教育改变人们对事物的看法。通过培养人的语言能力，形成尊敬他人、尊重事物的意识。像田嶋所提倡的那样，"教练的语言可以改变选手"，我们也可以说"教师的语言可以改变学生"。因此，教师必须提高语言表达能力，使自己的语言变得丰富多彩。

第4节 语言育人

那么，怎样才能培养和提高语言能力呢？提高教师语言能力，丰富教师语言最简单的方法，就是多读书。长田弘在他的《从读书开始》一书中指出，轻视读书，必然会导致语言能力的衰竭，人在语言中诞生，必然在语言中成长（长田，2006）。

"大家普遍认为用语言表现自己是重要的，也经常听到这种观点。如果仅仅把语言看成是为人服务的工具，这样说是没有错的，但其实并非如此，生活中最重要的不是如何用语言丰富自己，而是自己如何去丰富语言、发展语言"（长田，2006）。

长田认为，增加语言中的表现方式，使语言更华丽固然重要，更重要的是要思考使用什么样的语言以及如何使用，才能将自己的想法和情感蕴含在有限的语言中。换言之，就是要把语言变成属于表现自己内心的东西，通过语言将自己与他人相连，在人与人的关系中定位自己。语言绝不仅仅是在叙述，而且也在构成意义本身，从根本上塑造了人类的经验，在这个过程中，人会逐渐成为由语言塑造的一种存在。

从这个意义上讲，如何让自己与书中的内容产生联系是很重要的。

第5节　与读书的联系

关于核心素养，在日本最近①流行着一种通俗易懂的定义，即"所谓核心素养，就是知识和技能加态度"。态度中包含动机、意愿和兴趣。为了做成某件事，必须先有想做这件事的意愿和对这件事的兴趣。

另外，PISA 的第一次调查（2000 年）结果显示，读书对提高阅读理解能力是非常重要的。之后在 2009 年的 PISA 和 2013年发表的 PIAAC 结果中，也都十分重视人的生活与书中内容的联系，以及人与阅读的关系。阅读是个体了解外部世界的必要方式，阅读理解能力对获取知识来说至关重要，善于阅读是个体取得成功的前提条件。某个人阅读理解能力的高低跟阅读对此人的重要程度的高低，以及读书在此人生活中所起作用的大小有直接关系。关于这种"阅读投入"（Reading Engagement），格思里（Guthrie）等人认为分为 5 个方面（Guthrie et al.，2007）。

1. 读书的数量与多样性（行动上的投入）

读的书越多，读书方式就会越丰富，其人生与阅读所产生的联系就会越来越密切。

2. 对于读书的关注（本质动机的层次）

把阅读作为获取信息手段的同时，也会单纯从阅读中感到愉

---

　　① 译者注：该章最早于 2009 年 12 月发表于日本的学术杂志『学校マネジメント』（学校管理）（月刊，明治图书出版社），因此原文中的"最近"指 2009 年。

快，这种愉快会使人更加关注阅读。

3. 控制（自律性的层次）

自己积极、主动地读书，想要读书的意念越强，人生与阅读的联系也会越强。

4. 效率性（自信的层次）

当感觉自己阅读能力有提高时，在读到新文章的时候也会有信心读完。阅读自信心的增强也会使人生与阅读的联系增多。

5. 与社会互动（协同的层次）

与他人分享读书经验或者谈论书籍的机会越多，阅读投入也会越多。

另外，2009 年，PISA 调查中"评估框架"的日语翻译是把"投入"翻译为"对策"，把阅读对策定义为以下四个特性，即"阅读兴趣""自律性认知""与社会、他人的互动"和"读书实践"。其中，"阅读兴趣"和"与社会、他人的互动"可以说与上述格思里等人的论述内容持有同样意义的特性。"读书实践"是指对阅读活动的量或阅读类型的行动干预，具体是指采用多样化媒体的阅读方式和参与多种内容阅读活动的频率。可以说与上述的"读书的数量与多样性"相同。"自律性认知"是指"控制与读书相关的活动，自主选择阅读，并付诸行动，由自己决定阅读方向的认知"，这一点与上述"控制"意思相似（OECD，2010）。从这些特性分析结果看，有积极投入阅读行为的人"不仅从本质上思考阅读的价值，而且还会饶有兴趣并保持对阅读的关注，他们认识到读书在社会关系方面担当重要的角色，是个体取得成功的前提条件"（OECD，2010）。

与读书相关联的这些论述，正如教师读书时的兴趣、策略和认知是吻合的。

实际上，关于教师如何实施读书活动，从独立行政法人青少年教育振兴机关所实施的《推进青少年读书活动 开展人才培养》

调查中可以知道，小学教师、中学教师、高中教师等因学校阶段和担任的学科不同，各阶段教师读书的侧重方向也有差别（青少年教育振兴机关，2013）。高中教师多阅读专业性比较强的书籍、教养类书籍和新出版的书籍等，读完后会主动进一步阅读与内容相关的其他书籍和内容的资料，以加深理解。但是，小学教师一般会阅读很多与教育有关的专业书籍，他们不但会将书中的内容付诸实践，还会主动推荐给同事或者家人。

读书不仅要阅读与学科或工作相关的书籍，还要阅读涉及其他领域的书籍，即使只是愉悦自己，久而久之，语言能力也会随之得到提高。在生活中，我们如果看到读书对他人人际关系能力的提高起到了作用，那么我们自己也会想去涉猎群书，提高自己的能力。将阅读过的书籍与他人分享，不仅有利于人际关系的好转，还会提升自己作为教师的自信心。

第6节　读书的好处

如果人们了解了语言的力量对提高自我启发能力和人际关系能力至关重要的话，在读书时，人与阅读内容的联系就会更深更广。

自我启发能力包含展望能力、叙述能力、表现能力。书店里有专门放置与自我启发能力有关内容书籍的区域，但是其他领域的书籍也能帮助我们提高自我启发能力。历史类书籍饱含古人智慧，世界著名记者或政治家写的书中，有他们看待世界和未来的关键词汇和视角。科幻与推理等故事或传记里，有对随科学的发展而产生的人类全新的生存方法的描写以及典故形成的语言表述和在当今所要传达的信念和见解。在一些散文、评论与实用书籍中，有很多多样化的用语、委婉的表达，以及立竿见影的实践技能。

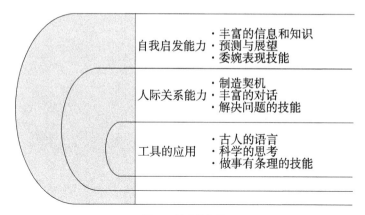

图21 读书的好处

人际交往能力中包括对话能力、协作能力以及解决问题能力。要形成良好的关系，待人处世时语言的使用之重要性是不言而喻的。自信感的形成是从向他人讲述自己的能力开始的（或者自己反复向自己讲）。通过向他人或自己反复讲述自己的能力以给自身增加动力，如果说这是阐述了自我评价方面用词的重要性，那么评价他人时的用语，特别是鼓励学生时，多样化的表扬言语也是非常重要的。这些表扬语言，必须是教师自身发自内心深处对学生的信任以及在日常生活中对学生仔细观察的基础上组织的语言。教师需要根据学生的成长和变化这些实际情况来组织语言，而不是每天使用相同的褒奖词来表扬学生。

要做到共同协作，知识和目标的共享很重要，使用学生、同事、校长以及监护人都能共同理解的语言也是非常重要的。这种语言应该是生活中经常接触的，且易于被人记住的。为了解决问题，不仅要求共享与问题有关的知识和解决问题的技能，还要求学生在努力自己解决自身问题时，作为教师应该给予怎样的启发性的语言，对学生做出学习上的启发时有要使用怎样的方式表达。如何提高教师的教学素养，其方法和手段、路径也一定埋藏于各种各样的书籍中。

第10章

科学思考能力

——成为专家——

第1节　运用知识的技能

导入 PISA 型学习能力观念的新学习指导要领中，最大的变化是学习能力的评估方法的改变，提出评价学习能力不仅要从记忆知识的量或者理解的深度来评价，还增加了评价如何能够熟练运用知识与信息这一点。如果教师能够理解现代化产业社会之所以被称为知识型社会的原因，以及知识型社会的性质，就能越来越深刻地清楚提高运用型学习能力的重要性。

对于生长在 20 世纪 50 年代或者 60 年代的人来说，20 世纪后半个世纪的社会是工业发展的社会，所谓的知识都是从研究机构或者大学里产生出来的，这是知识存在的前提。那时，学习就是一个依靠记忆记住固定知识的过程，学校里教的内容也是只有一个正确答案的时代。

但是，在第 1 章也详细介绍过，从 20 世纪后半世纪的 80 年代初到 90 年代，信息技术的高度发展催生了知识型社会的出现，产业结构的变化形成了大量知识集约型产业，21 世纪正式进入了知识型社会。在这样的社会中，知识的产出不仅局限于研究部门，而且实践性较强的一线部门或企业、许多区域性的社会都在创造出新的知识。伴随着多媒体技术的发展，这种发展过程以及从知识产出到普及、运用都得到了急速的推进。问题的答案也日趋复杂化，社会的许多问题也不再是只有一个正确答案。

在以《知识的创造、普及与运用：学习型社会中的知识管理》为题的 OECD 教育研究与改革中心的报告书中指出，在知识型社会中，学校也正演变为知识产出的场所，同时也在成为知识的普及以及被频繁运用的地方。但是，在现实中，没能及时应对这种社会变化的正是教育部门以及教育学研究。针对知识型社会的性质我们阐述了知识的共享、知识的转移以及学习组织这三个方面，但是无论是在学校、家庭还是在社区，知识的管理也在逐渐引起人们的重视，正在成为重要的课题。尤其是教师应该如何运用、管理、增加自身的知识，具备灵活运用未知的知识、技能和态度来从事教学，成为众人注目的问题。

第2节　灵活运用知识与信息

核心素养的第三种是灵活运用知识与信息的能力，它与人的语言能力密切相关，具体要求具备以下几种能力。

（1）能弄清楚自己什么问题不懂，什么地方不明白。

（2）能知道正确的信息源在何处，并能寻找到从其获取信息。

（3）能评价信息的质量、确切性以及价值。

（4）能整理知识与信息。

我们现在使用科学素养的例子来具体说明这种能力的内涵。一提起科学素养，人们往往就认为这个素养只对担任数学、理科、物理或者生物学科的老师来说很重要，但生活经常会要求我们以科学的眼光看待知识，用科学的思维来考虑事情，从这个角度来说，科学素养对所有的学科都起作用。而且，科学素养的培养绝不只是要求学生具备的能力，教师作为一位民，也作为一位教育或者传授专业知识的专家来说也是非常有必要的。

2009 年，PISA 的调查中，将每个人应该具有的科学素养的具体内容做了如下说明。

（1）能认识问题，获得新知识，说明科学现象，运用科学知识做出科学论证。

（2）能把科学各个方面的特点作为探究人类知识的形态来理解。

（3）能认识科学与技能是如何形成我们的物质、知识以及文化环境的。

（4）作为善于思考的市民，能用科学的思维，主动投入到与科学相关联的问题。

（国立教育政策研究所，2010b）

该科学素养的定义与其评价的最关键之处在于它突出了以科学和科学的探索为特点的核心素养。因为该核心素养包括三点，即"认识科学问题，科学地说明现象，由证据得出结论"（国立教育政策研究所，2010b）。

另外，为什么 PISA 调查认为普通市民也需要具备科学素养，其原因如下。

"通常，不要求普通市民具备对与科学相关的主要理论或者潜在发展的理论做出价值判断的能力，但是，会要求市民保持客观的科学思维，对日常生活中的现象质疑。例如，对广告内容涉及的事实、法律问题凭借的证据、与健康有关的信息、对所居住地区的环境或者天然资源感到疑问等诸如此类，每一个市民都有权利对这些问题做出自己的思考和判断。有文化教养的市民，一定要能够把科研人员才能够回答上的问题和基于科学技术才可以解决的问题区分得开，明确使用该种方法可以解答的问题和无法解答的问题的不同之处"（国立教育政策研究所，2010b）。

实际上，作为一个市民应该具备的素养中，要具备对健康、天然资源、环境、灾害、科学和技术等基本知识，该素养包括：科学地认识问题、科学地说明现象和使用科学依据三个阶段。每个阶段要求具备以下的能力（国立教育政策研究所，2010b）。

1. 科学地认识问题

（1）认识哪些是可以进行科学调查的问题。

（2）确定检索科学信息时使用的关键词。

（3）识别科学调查的重要特征。

2. 科学地说明现象

（1）在既定环境中，适当运用科学知识。

（2）科学地记述、解释现象，并预测变化。

（3）能认知什么是确切的记述、说明与预测。

3. 使用科学根据

（1）解释科学证据、导出结论并能将结果表达出来。

（2）能确定结论成立的背景中的假设、证据以及推论。

（3）能思考科学与技能发展带来的社会意义。

对于教授人文科学或艺术领域的教师来讲，世俗的看法是与其强调他们具备科学的思维，不如拥有直观感觉的知识或技艺更重要。但是 PISA 评估考试是以 15 岁青少年为对象开展的调查，要求全民具备高中生所具备的素养并不是件特别困难的事，其中的科学素养作为市民素养的内容被重视时，就意味着无论什么研究领域的教师都应该具备这些科学素养。当然，对教担任社会学科和自然学科的教师来讲，上述科学素养应该说是最基本的技能了。

特别是，最后一条"使用科学根据"，它不仅仅是市民必须具备的能力之一，而是行政职务或管理层次、商业人士、医生、护士、政治家等各职业人员都要求具备"根据实际证据考虑问题，并向他人表达出来的能力"。

第3节 基于事实依据的思考

知识管理是建设学习型组织的最重要的手段之一，医学领域和科学技术的进展带动了知识管理的开发。尤其是医学领域，不是依靠直观感觉的技能，而是重视科学根据的理论和技术的发展，立足国际视野的实证性医疗技术，因此更加需要对庞大的医疗信息量和实践知识的管理。社会发展到今天，政治、经济以及教育界各行各业也同样开始要求进行有实证依据的实践和实施相应的政策。

教育学者岩崎久美子，把教育与医疗部门做了比较，提出了教育界执行基于有实践证据政策的重要性，并分析了原因得出如下结果。

"第一，对于信息公开透明的政府来说，社会上有什么动向，政府决策者有义务使用有依据的数据向国民说明决策的妥当性，提高社会认知度。第二，最近，财政状况上，频频出台了没有实证性的社会和经济的对策，硬性执行的结果就是造成了经费的浪费，由于承担责任的部门不明确，从而发生了政策效率性的问题。第三，省厅以及地方公共团体的组织文化中，通过常年的经验积累，形成了一成不变的政策、立案，对此现状，更应该扩大知识的传播，改变固化了的决策者与民众的交流方式、增加决策体系的透明性，立足于作为政策立案的根据，基于调查数据进行决策、做出判断"（岩崎，2009）。

从岩崎久美子的分析中可以知道，基于科学手法依据的公示，比起没有根据的、肆意而定的政策，更妥当，更易得到公众的信赖，会增加公共政策的透明性。

如果将这种做法运用于学校，不单单是可以增加班级经营、学校经营的透明性，还会提高课程教学计划的妥当性、恰当性，并明确责任承担者及其义务，加强效果性的学习，提高教师的教学能力和教育水平。建立经验性的立案或教授方法而且基于数据的教育决策和判断来说，实证性的根据变得很重要。立足于实际工作的经验教训，通过共享知识过程，教师们根据学生和自身情况制订出最合适的教学方案。能成为实证性依据的知识不仅仅只有统计数据，也需要考虑史实或实验结果，以及由数据得出的理论。思考、梳理、选择、运用这些实证性的依据就是教师自身的知识管理。

第4节　知识库的更新

虽然基于实证性依据的说明方法非常有效，但是，如果只是基于实证性根据的数据来取得多数人的理解是非常困难的。不管是面对学生还是面对其他人，在以他人为对象进行说明时，数据事实以外穿插个人经验，使对方产生共鸣与亲和感，使用通俗易懂并易于想象的语言是至关重要的。

教师在进行自我知识管理，更新知识和技能时，可以利用电脑等工具将自我知识或技能记录下来作为个人知识库进行存储。同时，组织多样化的语言，管理和使用互相联系的知识片集合使事物的印象变得丰富起来，主动收集与教育领域相关的理论知识、事实数据，通过系统性的整理可以扩大自身的知识库。

培养核心素养的重点是在前面章节讲到的素养技能的运用。被称为 PISA 型学习能力的素养中除了科学素养，还包括识数能力、解决问题能力，以及阅读文章时将文本资料与图表综合理解运用的能力。仔细推敲这些素养的内涵，会发现其包括再现、关联、深思熟虑的能力，也可从进行分类，分为研究原因与取得效果、发现问题与解决问题、比较与对照、分类与举例，整体与部分等各种概念的能力。另外，在数学概念里，也包含有空间与图形、变化与关系、量和不明确性等亚概念。这些素养皆是与各个学问领域的知识构成要素相关的，在编制各种学科的教材时，可以成为概念分类的参考（图22）。

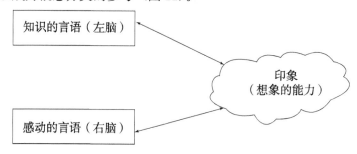

图 22　通俗易懂的语言（印象固化）

有很多教师在教学中，使用现成的教材，讲述已经总结好的知识。但也有很多教师在制作适合学生的教材和钻研恰当的教学方法上下功夫。同样的教学内容，为了提高自身的教学能力，一方面系统地储存现有的知识，另一方面整合现有的知识与信息并形成新的教案。另外，还有许多教师积极利用各种媒介，共享师资与教材，共同协作开发新的教案。在这些教材的编制和教学方法的开发过程中，要求教师运用科学的思维方式考虑教材的内容，预测学生学到的知识和取得的成果。创造与教育学和教学法的新知识与新技能时，有时是教师个人埋头努力，有时是几个同事一起组成团队，还有时是教师与研究人员一起共同开发研制。

这种进行新知识创造的过程被称作知识管理，它包括以下 7 个方面（OECD 教育研究和改革中心，2012）。

（1）创造知识：创造新的知识。

（2）确保知识的正确性：评估某种知识是否正确可靠。

（3）对知识进行多样化编码：为保证能够在最需要的时间将最需要的知识传送给最需要的人，要对各种知识进行多样化编码。

（4）普及知识：普及某一领域里被认为有效的知识，做到知识共享。

（5）采用个人和组织的知识：将个人知识复制成较为显性的知识表现方式，通过团队共享。

提倡各种各样领域的个人知识和组织知识的转换。

（6）实践：逐渐增加以个人、小组或组织开展实践的案例。

（7）固定化：固化在社会中的知识。

在各种各样的教室通过实践开发出来的新知识、新方法，如果其效果获得认可，许多学校会开始效仿、学习。某种学习方法或教学方法被越来越多的组织采用，其实践案例将会增加，如果听过许多组织的实践，其效果又进一步得到验证的话，这些新的知识、学习方法和教学方法会逐渐深入到各个学校的教学计划及项目中，新的知识和方法得以固化和推广。

教师自身从知识创造的活动中得到实证性验证，存在于他们头脑中的这些知识和技能是最富有创造性的。教师通过语言或系统的理论、规范法则的核对，利用书本或教材把这些知识、技能传授给学生，完成知识的转移，即知识的共享化。教师的知识和技能用于教学实践，通过学校或家庭将知识和技能固定化、制度化，这个过程在日常生活中多次重复，也是作为专家的教师自身的学习活动。提高这种学习能力必然会促进教师自身核心素养的提升。

回顾这几章讲述的核心素养型的学习方法，我们发现今后需要更加扎根于实际教学的内容与形态，将各个学科、多种知识领域的素养整合起来进行学习。图 23 显示了通过改变学习形态可以提高对应素养的途径。首先，在学习基本知识和技能阶段，需要学习获得阅读理解能力、数学素养以及科学素养，在此阶段培养语言能力是至关重要的。其次，个人的能力通过实践和经验的学习得到提升，这时，可以称之为自律素养的自我启发能力就能起到加速器的作用。最后，积极主动运用知识。一定的知识和技能不仅是在经验中运用得到磨炼的，还可以通过与他人的协作提高集体与个人的素养。某一学习者个人的隐性知识通过共享，成为大家都知道的显性知识并得到传播，集体自身的学习能力也将会随着提高。个人的想法与他人的想法相碰撞、讨论，会形成全新的见解。整理组合是创造活动的基本手法，所以从个人到组织，多样化的核心素养的组合将衍生出全新的创造性的核心素养。

学习形态	能力
知识、技能的学习	语言能力
从实践、经验中学习	自我启发能力
灵活应用中学习	↓
相互作用中学习	
学习组织、小组的形成	人际关系能力

图 23　随着学习形态的变化能力的提高

第11章

技　术

第1节　从科学到技术

　　人在少年时期，有疑问时就会毫无顾忌地发问，但是长大后就慢慢地学会自己深思熟虑了。升学、工作以及育儿的每个阶段和不同的生活环境中，都会遇到各式各样不同的问题，但这时人们往往失去好奇心，不再追问原因寻找理由。每天只要能解决基本问题，对生活上和工作中认为不必要解答的疑问，变得不再刻意追求答案。实际上，在课堂上的学习内容除了包含疑问以及对疑问的解答和说明外，还需要实际解决具体问题。换言之，在课堂上回答"为什么"或"是什么"的问题即通过调查追求答案的质疑解答型学习，与"怎样做才能解决"的问题解决型的学习，两者之间的教学内容教学方法和知识等方面都是根本不同的。

　　问题解决型学习不仅要加深对事物的理解，还需对解决问题的方法或对策做计划，考虑解决方案，在改善过程中产生新的想法和方法。而且，随着解决问题使用的工具或技术的改变，可利用的解决方案也是各种各样的，绝非只有唯一一种方法。科学着重于发现问题并寻求问题的答案和解释，而技术则是随着时代和工具的进步而改进，所以改善方案也在随之变化。如图 24 所示，科学回答的问题是以说明问题的内容和解决答案为中心的，而技术更强调如何解决实际问题。

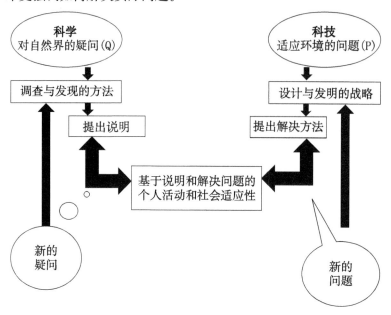

出处：根据 Trilling（2009）制作。

图 24　科学与技术的区别

例如，以前最多是一个组织或一个场所才有一部电话，但现在高科技把我们带进了人手一部电话并且可在各种场所使用的时代，毫不夸张地说，高科技使一部手机变成了一个具备办公功能的机动性工作站。如今，手机已经像人的器官一样的存在，比手表、眼镜更重要，它使人与世界的对话方式也发生了巨大的改变。例如，用手机可以轻松获得新闻、天气等最新的详细信息，可以通过通话和网络发送信息，还可以导航、调整日程、计算经费、调查价格等，诸如此类的日常生活问题，一部手机可以迅速解决。当然，人们利用该项技术不单是收集信息掌握必要的知识，还可以对应自己的生存环境或目标来活动，手机作为人们寻求调节生活、人际关系与适应社会的工具。人们通过使用操作简单、令人愉悦的工具或高科技，享受并创造着教育和时尚的生活。

技术不仅指人类制造某种机械或硬件的工艺（硬件技术），也有应用某体系、组织或软件的系统知识、制造方法和信息（软件技术）。还包括制度性的技术，如教师思考技术的进步是怎样改善教育和人际关系的，怎样把先进的技术运用于教育中。这是一个思考教育与技术怎样联系的问题。

第2节　新型的学习方法和工作方式

20世纪后半世纪，信息通信技术（Information Communications Technology，ICT）的快速发展，加快了高端技能的开发步伐。20世纪80年代，在日本，随着电子计算机的小型化、语言学习的程序化、日语词典的开发、汉字转换方式的改善等技术的进步，处理平假名和汉字的日语词汇转换软件得以研制成功，因而搭载Word、浏览器的打字机和电脑得以开发出来，并迅速得到普及。当时，在职业院校学习日文打字技术并取得资格证书的人，可以成为职业打字员。但是，今天日文打字技术已经成为使用电脑的人必备的技能，资格证书已经不复存在，转变成评估打字软件技术的资格考试。类似打字员这种职业的消失一样，技术的发展，改变了人们的工作方式和学习方法。

在教育领域，曾几何时，ICT设备的操作技能的培训作为信息技能培训的基础内容受到重视，但是伴随着设备操作学习的简单化，人们开始重视操作技术技能怎样适用于新情况，逐渐意识到熟练掌握技术虽然重要，但更重要的是，对新技术的目的和技能的综合理解，以及思考应用新技术的可能性。特别是思考作为人类的成长是指什么。提高适应环境能力最重要的一点就是，技术可以提高什么样的人的学习能力。

第3节　提高技术

不管是教师还是学生，为跟上高端科技发展的步伐，都会作为终生学习者将 ICT 运用到学习活动中，为此就要不断学习以应对技术的变化。与阅读理解能力相同，在线阅读投入需要深入阅读文章的能力。如果将该种情况称为 ICT 应用素养，那么培养和提升该素养，可以从以下五个方面努力。

（1）关注 ICT 的发展。

（2）增加使用 ICT 的程度（时间或种类）和多样性（利用多样化的媒体）。

（3）自律（创造出可以自由使用的环境）。

（4）提高效率（使用越熟练，关注程度越大）。

（5）与社会互动（将 ICT 作为与外界交流的工具，将 ICT 作为制订计划和表达自己的工具来应用）。

在生活中各个方面越是积极主动地应用技术，个人的 ICT 应用素养就越能得到提高。

但是，如果工作或生活上没有什么关联性，也就是说使用 ICT 的必要性很低，那么这个人的 ICT 应用素养也会降低。如同阅读能力随环境的变化而变化一样，有些人上学时因为接受学校教育，所以会阅读文章，有一些阅读能力，但成年后，生活和工作环境不需要读写技能的话，他们的阅读能力和写作能力就会降低，慢慢地变得不再读书。还要我们注意的是，即使是在校的教师，与语文教师和数学教师相比，理科的教师会更经常使用ICT。就像每天不运动体力会下降一样，在我们不知不觉之间，疲于学习新技术就会落后于社会的进步，自身的教育与学习的技术也会逐渐落伍。

第 4 节 ICT 在教育实践中的应用

国际教育成就评价协会（International Association for the Evaluation of Educational Achievement，IEA），为了保证人们加深认识 ICT 是如何影响学生的在校学习方式的，对不同国家所采取的不同种类的教学实践开展了第二次教育信息技术研究的调查，即 SITES2006（Second Information Technology in Education Study，SITES）。结果表明，ICT 的应用给教师带来了各种影响（表 2），其中，在强化教学、对学生的反馈、合作能力、ICT 技能和提高管理效率这五个方面起到了积极作用，但同时也给教师带来了很多的压力。

在该调查中，通过对有关 ICT 利用状况的结果分析，教师发现 ICT 给教学实践带来了很大的变化。从因子分析的结果来看，教学实践中有两个好的 ICT 运用倾向，一个是传统教育活动的运用（固有的教学模式中的运用），另一个是终身学习中的运用（学生自身自律性的学习活动）。另外教师在教学实践中也发现了两个问题，一个是学校电脑配置不足的问题，另一个是教师缺乏 ICT 知识以及应用技术不足的问题。许多国家虽然制订了给全体教师提供 ICT 技术研修机会的目标，但是实际上，只有少数几个国家完成了该计划。

但是，从有关开展新型教育实践的事例报告中了解到，教师在把握学生日常活动的同时，为学生的学习做了更多的支持、建议或行为评价，而且这些事例不是个案，是教师之间互相合作，并得到校外专家的协助共同推进新的教学法的实践。结合以上几点，在本节中，我们来讨论一下 ICT 的导入是怎样使教育发生变化的，又有哪些值得推广的运用方法。

表 2　ICT 的应用给教师带来的各种影响

教授的强化	导入学习指导的新手法 导入总结学习的方法 多种方式获得高质量的教材
与学生的反馈	个别反馈的提供 学习进步状况的把握
协同的强化	与校内同事的合作 与校外专家或朋友的合作
ICT 技能	ICT 技能的提高
管理效率	管理业务的效率化
负面影响	工作量增加 工作压力增大 教师的工作效率降低

出处：根据国立教育政策研究所（2009）第 139 页制作而成。

4.1 信息的获取

ICT 最大的优点应该就是使信息的获取变得极为简单，而且获取的信息量非常大。获得新信息和系统性的知识使得原来被动式的学习活动发展到自发式自助式的学习活动。但是，为了瞬间获取大量的广泛的信息，需要提高获取信息的技能。换言之，信息和知识调查方法的技术在学习中变得非常重要。但要注意，面对多样化的学科和教材内容，学生的问题和种类也各异，获取信息的调查方法不应是一成不变的。

例如，参考服务作为图书馆中的给予读者可供参考资讯的固有服务为众人所知，不仅能回答图书馆使用者所需的资料，还能提供资讯服务及各种信息的获取方法。在日本，这种调查方法的数据库中，有国立国家图书馆的参考服务合作数据库（http：//crd. ndl. go. jp/jp/public/，访问时期：2018-12-13），它对各学科调查学习有很大的帮助。

4.2 ICT 在教学实践中的应用

　　教师在自身的教学活动中可以从以下几个方面应用 ICT：
ICT 授课的准备、网上搜索教学资料和对学生学习的在线支援、
掌握与评价学生的实际学习活动、指导学习的演示、与他人的共
同合作等。

　　同样，学生在自身学习活动中可以从以下几个方面应用
ICT：使用打字软件制作文件资料、制作演示资料、利用电子表
格计算软件进行数据处理、加工图像、利用教育软件、使用全球
广域网、接发邮件、学习支援、接受线上教育等。

　　不论是学生还是教师，都要求具备根据信息环境的状况，将
ICT 与传统技术同时应用的素养。但是需要引起注意的是，教育
或学习的目的不是为了单纯学会使用技术，而是为了教什么、学
什么而利用 ICT 技术。

　　例如，课程开发的基本组成部分里有授课单元，单元的构成
要素里包含目标、内容、活动、教材和评价等内容，要与课程融
合起来，认真思考通过教学活动培养的能力是什么，为实现此目
的选择具体的单元授课模式。每个学校或每个教师都要设置各自
的"问题把握—问题追查—自我评价""接触—抓住—面对—运
用""思考—关联—发现—思考"的框架，为适用各个教育和学
习活动的教材和评价手法做充分的准备，考虑如何在单元开发的
教学法实践活动中运用 ICT 技术。

　　另外，在学生学习方法方面的运用上，除了作为传统的笔记
本记录知识、信息以外，还可以应用 ICT 技术激发他们的创作
灵感。传统做笔记的方法有：一字一句写成文章的形式、分条记
录清单的形式、概括内容分类的形式。但是，最近比较引人注目
的记笔记方法"思维导图法"是在纸质笔记本上练习后使用 ICT

技术展开思维导图视图，特别适用于策划和管理项目、创建演示文稿等。

4.3 人际交往中的 ICT 应用

ICT 的重要课题中不仅包括学校班级建设、教学计划制作和学科学习，还包括如何学习与他人沟通和交流。近几年，随着利用网络虚拟社区交流的青少年的增多，出现了"网络欺负"的社会现象，其恶劣的程度也日益加重。针对这个问题，日本文部科学省实施了调查，并发行了《青少年利用学校非正式网站情况的调查报告书》（http：//www.mext.go.jp/b_menu/toukei/001/index48.htm，文部科学省，2008 年 3 月），该报告书对网络欺负的现状以及问题进行了详细的阐述。这就提醒我们，在校内外的交友关系方面，应该如何引导青少年正确使用 ICT 技术的同时，如何建立教师间的网络联系以及如何与家庭、专家合作，共同利用校外资源来解决网络欺负问题。

4.4 解决日常生活的问题

教师不仅教授学生基本知识和技能，成为学生学习的自助者和辅助者，还要随着教育的多样化，积极适应技术的进步，以及解决因技术进步引起的新问题，这一切都是教师的技术能力。我们不但要适应新技术，还要把新技术应用于日常教育的实践中。如果说对该种问题的处理对应的是一种广义上的解决问题的能力，那么这其中也包含着人际关系中的交涉能力。

2013 年发表的 PIAAC 中，将这种能力命名为"运用 IT 手段解决问题的能力"，并做了以下定义。

"获得并评价信息、与他人交流、为完成实际工作，灵活运用数码技术、交流工具以及网络的能力"（国立教育政策研究所，2013）。

从这里可以看出，ICT 运用的能力不局限于只是解答疑问的科学方面的能力，还包括怎样解决各种问题的技术方面的问题解决能力。特别值得注意的地方是，为了达到与他人进行充分交流目的而运用社会网络，这就强调了 ICT 是为了达到与他人共同担负起社会责任而产生交流的工具和手段。

　　核心素养的定义中讲到，灵活运用工具的素养就是"互动地使用工具的能力"，在自己的长居地，就可以增加与世界各国人的联系，通过网络就能增加与他人对话的可能性。为此，我们需要思考技术的可能性。

　　"只有 ICT 的利用者理解了技术的性质，并思考了其潜在的可能性，技术的开发和利用就变得更加互动。更重要的是，这种技术性的工具需要人把自己的状况和目标与其潜在的可能性建立联系，第一步就是将技术运用于自身的实践中，这样可提高对技术的亲近感，大大增加灵活应用技术的可能性"（Rychen and Salganik，2006）。

　　同样，在教学实践中，教师理解技术的性质，思考其潜在的可能性，建立与教育目标之间的联系，考虑如何在教育实践中灵活应用。互动地利用技术的第一步，是从在日常教育实践中实施开始的。

　　OECD 教育研究与改革中心发行的《学习的本质：从理论研究到实践应用》报告书，总结了 20 世纪以后的教育学研究成果，该书指出，将 ICT 技术应用到实际教学中时，要最大限度地指导学习者的活动性认知处理，不能一味加大学习的信息量，使学习者的认知接受能力超载。例如，减轻学习者的认知负担这一目标中，可以设法使用无关系处理现象。减少无关系处理的技巧有以下五个原则（OECD，2013）。

　　（1）一贯性：减少无关的素材。

　　（2）信号化：突出真正的素材。

（3）冗长性：带有解说的动画单页上不加文字说明。

（4）空间上的靠近：对应的画像旁放置印刷的文字。

（5）时间上的靠近：相对应的解说与动画要同时展示。

此外，目前有很多人开展了如何应用技术来支援学习的研究，但需要注意的是，对提高学生的学习效果来说，与其在研究使用什么样的技术和媒体工具方面下功夫，不如认真钻研使用什么样的教学方法对学生的认知发展更有帮助，因为引导学生自主学习的根本是采用好的教学方法，技术只是强化了教学方法的技巧。当然，我们也不否认，因学习内容不同，有时也会出现留意技术的改进而使学习效果得到提高的可能性。

例如，几年前有一个在投资公司上班名叫萨曼·可汗（Sal-man Khan）的年轻人，为了帮助住在远处的表妹学习，使用了网络技术授课。他自感这种网络授课方式很有趣，就把数学课程辅导资料制作成视频，放到了优酷网站上，以方便更多的人分享，从那开始了"可汗学院"（Khan Academy）的教育事业。该事业令人深思之处在于，它不仅仅是使用了技术，而是开创了在家里听课，到学校教室做题的反转式学习模式。可汗学院的发展非常迅速，从 2004 年初仅有的一名学生发展到 2012 年有超过600 万以上的学生。毋庸置疑可汗本人在技术方面有很大的潜能，但他指出为了灵活应用技术，重新审视教育体制是很重要的。他对技术和教育的关系做了如下论述。

"我所想象的学校不是让学生为了技术而去的技术场所，而是为了加深学生对概念的理解，在任何场所都能实现高品质的教育，在教室里找回人原有的求知欲望而导入技术手段的场所。使用技术可以将教师从枯燥的工作中解放出来，真正意义上增加讲解的时间，来提高教师的地位和授课欲望。同时，学生的独立性和主体性也会更加得到认可，使他们在自我教育中拥有主人翁意识。技术教育的目的就是不局限于学习者的年龄层次，通过促进朋友之间的互相学习，给年轻人提供更多的成长机会，以培养他们拥有作为成年人的责任感"(Khan，2013)。

可汗也强调，使用技术重要的是使用什么样的教授方法这一点。他的教学方法常被称为"反转课堂式教学模式"，该模式增加了课堂中的师生互动时间，讲课时尊重了学生学习的自主性，但可汗提醒说，通过网络听同一内容讲义的学生年龄虽然差异很大，可是让学生在大致相同的基础学习共同的内容这一点上，与传统教学的做法没有什么不同。他还指出，管理时间、管理费用的问题在教育上也是十分重要的。现在他仍然在不停地努力，为提供更高质量的教育，但有一点是明确的，他强调，"学习新事物的能力比什么都重要"，成人继续学习能力的特质是在结合已有的经验、建立与事物之间的关系中开展学习。

第五部分

献给终身学习的教师们

——增强自律能力——

第 12 章

熟练教师的综合能力

第1节 再次思考什么是核心素养

本书对如何将 OECD 项目所提出的核心素养概念作为教师的综合能力进行应用进行了思考。核心素养包括互动地使用工具的能力、在社会异质团体中互动的能力以及自主行动的能力三大类。并且，各大类素养的核心都包括洞察力，也就是深度思考的能力。

在之前的章节中，我们已经讨论了自我启发能力（远见能力、叙述能力、表现能力）、人际关系能力（对话能力、合作能力、解决问题能力）、应用工具能力（语言表达能力、科学思考能力、技术），并对如何利用这些能力展开了探讨（图 25）。在核心素养中，与他人或者工具的互动之所以被重视，是因为这种互动可以给教师带来自我效能感和成就感，进而可以更加积极地参与提高各种素养的活动。当人们开始意识到自己正在对他人或者环境产生积极有效的影响时，自身会得到极大的动力，这种自我效能感，有助于增强人的自信心和自尊心。

对于在学校或者教室进行日常教学活动的教师来说，教师的核心素养，即人间力（作为人的综合能力），就是在与学生及管理层建立关系中，通过对学生进行教育这种行为，提高作为教师的专业性和社会自我效能感，以获得自我成长的能力。最理想的教师自我成长模式，就是教师与学生、家长、管理层等周围的人建立起共同成长的关系。

在新西兰，这个理想模式已经在实际的教育政策和课程中得到反映。是什么原因让新西兰在国际 PISA 调查评估中经常名列前茅呢？在本章中我们将探讨其主要原因。

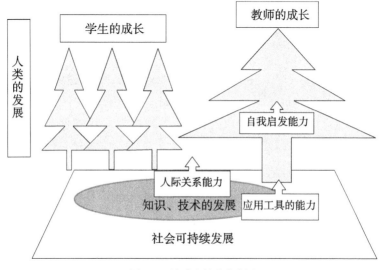

图 25 面向人和社会的发展

第 2 节 新西兰的教育

作者从 2007 年开始从事核心素养的国际比较研究，对各个国家如何将核心素养应用到日本的教育政策中做了大量的调查。多次到欧洲各国及亚洲各国做学术调查，发现 OECD 提倡的三个核心素养的概念都被各个国家根据本国的情况反映到课程改革中，形成了有各国特色的课程体系（立田，2001）。

其中，新西兰的国家课程本身就使用了核心素养这个用语，他们明确提出基础教育阶段的教育目标就是要培养自控能力，参与和贡献能力，交流能力，运用语言、文字符号的能力，思维能力五种核心素养。从他们的基本课程内容来看，例如，在"水的循环—科学之旅"的教材中，社会、语文、保健体育、数学、技术、艺术、英语等各学科都开展了教学。该教材不拘泥于各个学科的差异，他们不注重让学生从中习得某些知识或掌握某些技能，而是非常重视培养学生从中学会思考的能力。

这种以核心素养为基础的教材，与价值观和学习内容并进，组成大的学习目标。该国家课程在 2007 年以后的实际教学中得到了运用，在此，我想提出从"有效的教育"和"熟练教师的资质"两个要点来进行讨论。

第 3 节　有效的教育

第一个重点是，新西兰国家教育课程中有一条是"取得效果的教育"，其中列举了教师促进学生学习的 7 种做法，虽然不能以此完全保证所有学生的学习质量，但里面包含着可以提高学生成绩的方法。

第一，教师营造对学生有帮助的学习环境。学习与社会、文化环境不可分割，当学生感受到自身与这样的环境是有关联的，感受到自己与朋友、老师以及所住地区的他人都是有联系的时候，他们能够更好投入到学习中去。因此，教师平时需要注意与地区的市民、家长建立良好的关系，重视学生的生活和学习的联系，同时重视与专业教师之间的同伴支持关系，这些都是极为重要的。

第二，督促学生进行自我反省和反思。学生如何才能取得有效果的学习呢？只有在面对客观的、已被佐证的信息时仍能发挥自己的思维能力，这种学习才会有效果。学生把之前学到的东西（已有的知识储备）贯穿起来，结合自己的学习目标，把学到的抽象概念通过实践运用到具体的行动中，发挥创造能力，从而学到新的知识。这种自主学习是一种元认知监控的学习，教师的作用就是为培养学生的元认知发展提供必要的学习资料。

第三，引导学生开展新的学习。给学生机会去思考自己要学什么、为什么要学以及怎样去学。刺激他们的好奇心，给他们提供自己探索、发现新内容的学习机会。让他们有自己选择的空间，对自己的学习有自我掌控的感觉，由此让学生们明白自己能够做到的事情是什么，自己能对他人有所帮助，激发他们的自我效能感。通过自控能力的培养，使学生能够清醒地认识自己的优势和不足，从而恰当地给自己定位。

第四，给青少年提供共同学习的机会。这里的共同学习，不仅限于儿童和学生与同龄人之间，还包括与家人、社区的人以及与除教师以外的其他成年人一起学习的意思，即青少年在学校、家庭、社区互相合作形成的共同体中学习。培养他们想与包括教师在内的任何人共同学习的意识，增加共同学习的同伴。通过这种广泛的共同学习机会，可以从中学到积极倾听、协调谈判的能力，援助他人、与他人交流的能力。当能与他人进行内省式对话的时候，学生们则会习得更多对自身学习有帮助的语言。

第五，与以往的经历、学习主动发生关联。对学生来说，学习新知识时，如果与以往学过的内容有关，学起来会感到更容易，记忆也会更深刻。教师要了解学生已经掌握的内容和经历，设法避免在教学过程中重复这些内容，同时为增加学生的学习内容与家庭、社会的关联性，要合理有效地分配授课时间和内容。

第六，提供充分的学习机会。让学生有更多的时间去接触各种各样的课题，以备开展新的学习。教师在日常教学实践中，要注意在高质量的教育课程和学生的理解度以及课堂学习目标的完成度中保持平衡，要尽量确保学生的学习效果，让他们真正能学到东西。对于学生个人来说，保持他们学习的系统性，每天进行自我反省是非常重要的，只有每天客观地评估自己才能发现自身不足之处。

最后，需要把教学与学习相结合，勇于自我质疑、自我反省。这时需要自我反省以下三点。

（1）"对学生来说什么才是重要的？"

根据学生的学习情况，确立指导方向和"焦点解疑"。

（2）"采取什么策略来引导、支持学生的学习？"

"教学质疑"是依据既往的教育研究和先前的教育经验，来发现自身教学上存在的问题，改善教学方法，支援学生学习。

（3）"教学取得了什么效果？给学生带来了哪些成长？对今后的教学又意味着什么？"

依据"学习的质疑"，来评价教学成果的好坏程度。分析长期和短期的学习效果，学会思考下一步应该做什么。

以上这三点教师的自我质疑，要每天坚持，长期不间断地询问自己才会有效。

第4节　熟练教师的资质

第二个重点是熟练教师的资质。新西兰提出第一个重点"有效的教育"时，正值各个国家为响应 OECD 提出的制定提升教师教育能力政策而开展了一系列教师教育能力研究。其中，新西兰哈蒂（Hattie）教授的"优秀教师"研究得到了 OECD 的高度评价。

表 3　影响学生学习成绩的要素

影响	效应量	资源	影响	效应量	资源
反馈	1.13	教师	单独辅导	0.50	教师
学生的智力	1.04	学生	精通学习	0.50	教师
教育资质	1.00	教师	父母的参与	0.46	家庭
直接指导	0.82	教师	布置作业	0.43	教师
纠正不足	0.65	教师	教学风格	0.42	教师
学习态度	0.61	学生	提问	0.41	教师
教室环境	0.56	教师	同学的影响	0.38	同年级学生
挑战目标	0.52	教师			

　　哈蒂教授对 50 万个研究进行了元分析，把学校教育对学生成就的 300 个影响因素全部列出来，表 3 呈现了影响成绩的 15 大要素（Hattie，2003）。其中最重要的因素就是教师与学生之间的互动，即反馈，其次是学生个人的智力因素，最后是教师的教育能力，即教育资质因素。从这个结果来看，可以明白与学生交流的重要性以及通过经常反馈来直接指导与纠正学生学习的不足，因此学生的学习成绩得到提高。另外，父母的学习参与以及布置作业也是重要的因素。通过对结果的讨论，哈蒂教授进一步提出了优秀教师所具备的五大优良教育资质。

　　第一，教师具备高度的学科教学"专业性"。教师有优秀的专业能力，才能从问题本质上向学生讲解，在之前第一个重点中也提到，要用多种多样的方法向学生阐述重点，在不断地提供多方面信息的同时开展教学。并在工作中保持积极解决问题的姿态，根据实际状况灵活提供解决对策，在需要做重要决定的时候，给予最佳的意见和判断。

　　第二，开展与学生"对话"式的教学，在交流中开展学习指导。教师要用心打造最佳学习气氛的教室，密切细致地观察学生的学习状况，在把握情况的同时，采取适当的指导。

第三，视学生情况给予"适当的指导"，即因人施教。就像医生针对不同患者的不同情况一样，教师需要时刻关注每个学生的问题以及他们的学习进度来做出指示，预测他们学习的难度，帮助他们制订学习方案。在指导实践和学习技能的过程中，会有一些不经努力就能获得的"自动"的方法，即隐性知识，是教师通过自身历练得来的诀窍和经验。

第四，"热情"，即教师对学生时刻保持尊重的同时，教师自身对教育和学习抱有极大的热情。

第五，提高学生学习成绩的"教学能力"。只有与学生深入接触，才能培养他们的兴趣和自律能力，从而进行更深入的学习到达精通（完全习得型学习）的地步，从而增强他们的成就感和自尊心。提供适合学生的挑战性课题，积极有效地推动学生学习成绩的提高。

在这项研究中，哈蒂教授将仅仅是积累了多年经验的教师和熟练教师做了比较，两者的差异主要体现在"提供挑战性课题""简明易懂的讲解""观察学生与之对话"这三个方面。与教师从教经验无关，在这三个方面的能力越高的教师，其教学熟练程度则越高。通过观察学生以及与学生的对话，何时给予学生挑战性课题、何时进行简明易懂的说明，并根据实际状况给予适当的判断，以及开展恰当的指导，这些都是熟练教师的教育能力。

这里需要注意的是，对应学生的核心素养（学生的自律能力、与人沟通的能力以及语言表达能力），教师自己也有必要培养这些素养，这一点与新西兰的培养"自我管理"素养的做法一致。

第 5 节　自我经营

所谓的自我经营，就是自己成为自己的经纪人，有强烈的动机激发自己去行动。这不等同于自我管理，也不等同于自我控制。让学生学会自我经营，教师本身需要调整自己的"内力"和"外力"，学会经营的能力是很有必要的。往往是面对不断强大的"外力"，保持强大的"内力"的人，才能被称为高教育核心素养的教师。

研究内在动力的心理学家德西（Deci）在其著作《内在驱动观》（*Intrinsic Motivation*）中，阐述了以下的内容。

"真正的自由是指在积极面对环境的改变和对环境表达敬意之间找到平衡。心理上的自由伴随着接受他人的态度。我们最终不是一个人生存，而是作为组织的一员而生活着。"

而且，因为真正的自我是兼具自律性与关系性两个方面的，所以一个自我得到发展的人，不仅能积极面对他人以及所处的环境，而且能接纳他人，尊重环境（Deci and Frusto，1999）。

自律性不同于个人主义。正是因为教师自身作为自律性和社会性的存在，来思考社会的发展和人类的进步，并付诸行动，所以能在教学实践中支持学生增强自律性的同时，教导他们尊重他人的权利。对于教师来说，核心素养的关键之处就是自律性和付诸行动。

第13章

反思的能力

——回　顾——

前　言

　　到本章为止，我们对作为人间力的核心素养，以及自我发展能力、人际交往能力、工具应用能力这三种素养都做了详细的论述；另外在第 12 章中，有关熟练教师的综合能力，我们从取得效果的教育条件和优秀教师的特点这两个要点进行了分析。为了促进学生增强自身反思的能力，使教育更有成效，教师要与学生频繁进行对话，并有必要对学生做形成性的信息反馈。其中，优秀教师的特点之一就是经常和学生进行信息互动反馈。但是，在促进学生自身反思的同时，教师本身更需要对自己的教学实践开展更深层次的精神方面和知识方面的回顾，通过省察提高自己的反思能力。

第1节　精神的发展

　　省察力，即反省过去、深入思考的能力，是支撑三个核心素养的核心能力。作为 DeSeCo 的最终报告书，Rychen 等人总结的《核心素养》一书中指出，省察力对于"直面现代生活的复杂性，开展深思熟虑的实践"有着重要的意义。关于核心素养，很多国家近几年都偏重于如何提高学生的技能，但实际上，省察力才应该成为超越其他各个技能的普遍能力。

"我们每个人不仅需要应对复杂的状况，并且还要'创造工具'来应对复杂状况，并通过反复运用最初学到的方法。毋庸置疑，通过这种思维方式创造出来的技能在生活中确实是需要的，但是，这种做法往往会形成一种固定模式，将获得解决问题的能力看得像一个数学公式或者有明确过程可循一样，能力也仅仅'适用'状况而已。但现实要求我们每个人都要改革和创新，通过持续不断的努力，在这过程中获得超越'适用'能力的综合素养"（Rychen & Salganik，2006）。

DeSeCo 的核心素养项目中对各国的教育和研究做了综述，里面指出，各国制定的教育目标中都提出了通过教育培养人们的各种能力，这些能力都集中在个体通过教育，获得了远远超出了启动大脑储存的知识、抽象思维以及社会化的能力。这一点在核心素养框架中被称为省察力，即回顾过去进行反思的能力，引用美国发展心理学家凯根（Kegan）的概念来说明这种能力的内涵就是，首先从对自己的客观化开始，也就是将作为主体的自己视为客体，在将自己客观化的基础上改变自己，这个自我发展过程就是一个体现了主客体的分化、整合及其相互关系的调整过程。在这个过程中，为了应对多样化社会和各领域交错出现的复杂挑战，人们需要高层次的"意识错综复杂的自我创作秩序（Self-Authoring Order）的发展"。

"'客体'是指通过思考、处理、观望、承担责任、相互关联、控制、内化、同化或者通过其他的方法操作，成为我们认知和组织化了的要素。'主体'是指表达我们同一化了的、被联结的、相互混合的或者被隐藏的、我们认识的要素"（Kegan，

1994）。

借用凯根的话，就是说"因为我们有客体，所以我们是主体"（We have objects, we are subjects①）（同，p.32），在这里，展示的是成为 Kegan 辩证的发展论源泉的"主体—客体关系"理论。换句话说，Kegan 的理论给开发核心素养带来的重要影响就是，个体只有在面对他人时才会承担起责任，与其进行互动，并思考如何互动。

他的精神发展理论包括 5 个阶段的水平，其中，认知水平和与他人的关系是发展理论的关键（Kegan，1994）。

第一阶段，冲动性自我阶段。随着社会知觉的发展，人们逐渐从对他人他事毫无察觉的阶段开始察觉到他人的存在，但此阶段自己尚还带有"冲动的自我"性格。

第二阶段，唯我性自我阶段。人们开始认识到自己在不同场合下所扮演的社会角色和自我概念的差异，也有了对家庭和学校的角色识别，但关注点还是自己的欲望、兴趣和希望，这被称为"傲慢的自己"的时期。这个时期开始产生对他人的关怀、照顾之心。

第三阶段，人际关系的自我阶段。通过具体的思考，与他人的互动，人们对人际关系的认知得到了发展。他人的成分在自我中占据极大比重，产生了"与他人关系中的自己"，对他人的要求和关怀之心得以成长。"意识错综复杂的自我创作秩序的发展"。

第四阶段，法规性自我阶段。能够进行抽象思考，能够在人际关系中系统地思考，同时，遵循社会体系和制度的"法规性的自我"得以成长。知道自己在各种角色中承担的责任，根据实际状况，自制和维护权利，不断提升自己，同一性、自律性、个人

---

① 编辑注：原文为"subject"，现改为"subjects"。

化均有进步，自我意识也在发展，与他人的关系也多是互动的。

超越第四阶段的是能够使用辩证法思维的第五阶段，个人间的平衡阶段。在家人和职场等的制度中，在众多人际关系中，创造可以称之为自己理想状态的"个人间平衡的自己"。在家庭中作为父母的角色和职场中作为职业人的角色之间，自我调整的能力得到发展。这进一步加深了对自己和他人关系的理解，能够自己创造自己和自己调整自己，进入能够改变自己的自我转型阶段。

凯根认为这种精神的发展是在面对现实社会的私生活（生儿育女、夫妻生活）和公共生活（工作、地域社会）中的不同课题中产生的。我们对如何通过第五阶段的意识继续进化、如何能够适应复杂的生活的思考，他对此进行了说明。从具体的世界（观察事物）到抽象的世界（做出推论和构建假说）和抽象的思维体系（对抽象事物间关系的认知），并且最终发展成辩证法的思维（反论和矛盾的考察），通过这些过程，我们最终发展到能够解决现实世界的问题。

核心素养也是随着这种精神的发展进而得到提高的。素养的水平在从儿童时代到成人时期的过程中，随着个人的"学习方法"的变化逐渐提高。青年时期，人们抽象的思考通过自我反省构建价值和理想，使自己的兴趣与他人和团体相关联的能力得到发展。然而，通过成人时期的各种经验，人们的意识会具备更高层次的复杂结构，即使因适应社会生活而感受到压力，仍然能够具备成人自身的判断力。

只不过这种精神的发展，未必是每个人都能产生的。凯根特别重视意义体系的发展对于人类意味着什么这一点。凯根受皮亚杰为首的发展心理学家的研究影响，在既往的发展研究基础上认为意义体系有以下的教育意义。

首先，人是创造意义的存在，创造这种意义的体系形成我们的经验。我们会考虑我们自己的经验有什么样的意义，并且，遍及人生和生活广阔范围的意义体系产生了我们的行动。因为有意义所以才去行动。通过这种行动，我们去发现各种意义，在发现各种意义的过程中，意义的体系也在发生变化。但是，如果没有这种变化的话，在很大范围内，现有的意义体系就形成我们的思考、感情和行为。而且，人们使用丰富的语言和方法来表达意思，也确定了产生意义的基本构造和持续性育人的意义体系这一重大规则。人们逐渐能够理解与自己不同的他人，也从中培养了对不同社会意义体系的感受能力，逐渐明白阻碍自己发展的是什么，或者促进自己发展的是什么？

关于这种意义体系的维持和变化，凯根重视的是人是创造意义的存在这一点。人具有形成意义的复杂的深层构造，但是，因为人的不同，使产生意义差异的过程也发生变化，自己和他人的关系也有很大的差异。这种精神的发展所经历的内在经验是伴随着长期的痛苦和煎熬的。正因如此，指导者和实践家认为"痛苦""问题""失败"对于个人和社会来说并不是无用的，恰恰相反，正是学习各种东西的机会，需要我们以努力去创造意义这种态度来对待（Kegan，1980）。

第 2 节 精神发展的条件

为了得到内在精神的发展，以下三个条件是很有必要的。

第一个条件是，与来自社会化的压力保持一定的距离。只有保持一定的距离，我们在生活中才会对来自外界的期望和要求，都能够面对，并做出自己的判断。第二个条件是，作为个体，我们能够找到明确的价值观。在给这些价值观标上优先顺序的同时，自我解决世界多元价值观的对立问题，创造更加复杂的、抽象的价值观体系。第三个条件是，我们对于我们是创造感情和进行思考的主体这一事实负有责任。也就是说，成为观看自己内心演绎戏剧的观众，同时作为成熟的成年人站上人生舞台，像改写戏剧剧本的剧作家一样期待创造自己的人生。因此，对个体来说，灵活性、适应性、宽容性、敞开的心扉、责任、主导性等要素都有着重大的意义。

这种通常是优秀的成人所具有的必要条件，作为与更高层次的精神的复杂性有关的东西，对思考核心素养会有帮助。通过对世界的研究者和多种学问领域的核心素养的探讨，凯根认为反省能力是由三个行为发展来的：跨越社会空间、应对差异和矛盾、担负责任（Kegan，2001）。

2.1 跨越社会空间

我们生活在现代社会，具备灵活的思维应对多样性社会空间的能力是 OECD 的 DeSeCo 项目各个报告共通的课题。人们期待生活在现在社会中的成人，在多样性社会背景下能够发挥各种作用，在多元化背景中去理解、行动，或者探究何为跨越社会空间。生活和社会背景可理解成构造化了的多元社会领域，其中包括亲子关系、文化、宗教、健康、消费、教育和训练、工作、媒体和信息、信息沟通等。为了得到特定课题和利益、各种资本（金钱、知识、社会关系等）和力量，人们通过领域内主体间产生的竞争和合作，赋予各个社会领域以某些特征。社会领域在某种意义上类似于游戏，社会领域和游戏都是在玩家、规则、利害关系、共同认知的斗争和协调关系中发挥作用。因此，个人为了成为优秀的玩家，需要了解各领域特有的知识、价值观、规则、礼仪、符号、概念、语言、法律、机关，掌握和运用熟练的技能。个人掌握了其社会特有的知识和技能，通过了解各个社会领域共通之处，以求在各自的社会和社会领域中生存下去。

2.2 应对差异和矛盾

省察力的另外一个必要条件是在多样的价值观中处理差异和矛盾的能力。面对复杂问题的自然反应，有可以将事物简单化的方法。然而，简单化妨碍对世界更加全面整体的理解。世界的多样化包含着将明显的矛盾且不相容的目标放进同一现实层面，寻求对待和处理紧张关系的方法。例如，在现实中，需要调整平等和自由，自律和关联，效率性和民主进程，生态和经济，多样性和普遍性，创新与传统性这些价值观。可持续发展的观点，并不是将经济增长和生态学的制约作为个别的无关系的目标来对待，而是认识到他们之间存在着复杂的、动态的相互作用，需要努力解决其紧张关系。

现代生活带来许多非常复杂的问题，面对这些我们力不从心、动态多变的复杂问题时，大多数情况下，最佳处理方法就是采取统筹兼顾、全面接近的方式。实际上处理模糊的或者是矛盾的问题不是难事，我们有时会无意识之中就解决了问题。但我们有必要知道，用深思熟虑的方式去解决多元的、活跃的对立问题时，解决方法未必只有一个。我们在容纳互相矛盾、互不相容的观点和理论、不同社会立场和相互关系的同时，必须学习解决问题的方法和采取的行动。

2.3 担负责任

DeSeCo 的报告中，在众多 OECD 加盟国的教育目标里，都很重视个人的责任。人们期待生活在各个社会中的个人，作为父母和伙伴、雇主和雇员、市民、学生和消费者，能够抱有革新的创造性的、自己主导的内在动机，对自己的决定和行为负责。不是仅仅遵从所学和他人指示，而是要自己思考，创造自己的知识和行动的指南。这是自发地、自主地、自律地思考和行动的能力。

凯根（2001）认为，对社会化进程的共识是有能力的人不能成为社会的"奴隶"（一味服从组织体系的"奴隶"），而要成为认识社会化进程、具有自己的思想、能够承担责任的人。所谓承担责任，就是个人能够以批判的姿态面对社会的多样化要求，能动地反思被人们认为是理所当然的常识。也就是说，将社会化的压力作为"客体"来考虑，按照自己的想法，具有能够改变社会的自觉性。所谓承担责任，与这些问题相关联：考虑应该如何生存，思考何为美好人生，现在自己具体应该做什么？自己之前的行为是否正确？虽然能理解自己的所为，但是否应该这样做？为达成目标，为什么自己选择了这个方法？通过回答这些问题，使自己切实站在自己的立场上，作为当事人负责任地发表意见，并对照自己的意见和目标行动。

第3节 反思的意义和具体做法

那么，具体应该如何提高反思的能力呢？为探究这一点，我们先回顾一下已经讨论过的有代表性的反思方法。前面我们参考的凯根的发展理论中，把"回顾"定义为精神构建过程中的复杂发展。在那里，凯根已经就以下两个问题，在某种程度上做了解答。

（1）如何回顾？

（2）为了回顾，什么是必要的？

但是其他学者是如何思考回顾的，他们又是如何在日常生活中将回顾付诸实践的呢？凯根的研究中指出精神的发展将贯穿整个生涯，但是回顾也有必要作为日常的实践活动，坚持进行。

而且，反思这一行为，也并不是任何人任何时候都会有心去做的。从不进行回顾和反思，同样的错误反复多次的，是人，也是历史。我们经常在失败之后会后悔当时我们为什么不反思？另外，反思会有什么效果，思考这个问题也是非常重要的。因此，需要思考以下问题。

（3）为什么要进行回顾和反思，或者为什么没进行？

（4）如果进行反思的话，会有什么效果？

凯根对如何进行回顾和反思这一问题做了抽象的回答，但是，我们更想知道具体的实践方法。在本节，我们就思考为提高回顾和反思的能力，在日常生活中需要做什么，以及需要如何做？

3.1 反省的障碍

为什么人们不进行回顾和反思，在考虑这一问题时，可以换个角度，即什么阻碍了我们进行回顾和反思？我认为有物理上的障碍和心理上或者社会上的障碍。

首先，物理性障碍首当其冲的就是时间。科勃（Kolb）认为，为了根据自己的经验进行有效的反省，应该积极安排把反省和分析的时间安排进工作日程，因为反省是需要时间的（Kolb，1984）。

其次，心理性障碍是来自恐惧和自我防卫机制。或许因为恐惧听到自己被别人评价和判断，害怕被人指责。或许因为启动了自我防卫机制，其中有焦虑不安的情绪，自己的防卫本能，或许还因为自己的傲慢，所以不进行反思。

因此，还存在社会条件不完善这一点，有时候得不到充分反思的机会和条件。例如，来自上司和同事的非建设性的建议无法促使我们主动反思，或者有时也因为测评考核我们实践的指导者和管理人员不在的情况，还有我们得不到去参加能够进行反省、反思培训学习的机会。

最后，还有缺乏关于怎样才能做到反思的知识，即我们欠缺反思方法的知识。反思不仅仅是需要时间和机会，也需要主动开展反思的意愿和精力。

3.2 反省的效果

如果人们知道做反思能够起到什么效果，知道了反思的意义的话就会产生主动反思的意愿。在这里，我们看一下如果进行反思，能起到什么样的效果。例如，

（1）能够避免犯相同的错误。

（2）加深对自己的认识。

（3）通过反思学到的知识和技能帮助到他人。

（4）有可能意识到自己的偏见和缺点。

（5）能发挥已学的专业知识。

（6）能够将自己的学习机会最大化。

相反，不进行反思的话会怎么样呢？

（7）同样的失败会反复出现。

（8）既不明白何时能认识自己，也不知道为什么无法认识自己，就这样糊里糊涂地生活下去。

（9）无法运用能够发挥自己特长的知识。

（10）自己的知识和技能得不到发展，停止成长。

3.3 有关反省的主要定义

目前为止，很多学者深知反省的必要性，并对反省的方法进行了多方面的论证。从古希腊开始，就以哲学家为首的众多贤者对省察的定义进行了研究。在教育界，最著名的是学者杜威（Dewey）提出的实用主义理论。

杜威提出了基于反省的学习方法，被称为"探究学习"。其内容如下。

（1）知道困惑的问题在哪里？感知问题。

（2）为了加深理解问题的内涵，要对其进行观察和分析。

（3）树立假说，拓宽理解，探求原因，寻找尽可能解决的方法。

（4）验证假说，在实践中理解。

这种探究学习方法被广泛应用到 20 世纪的众多教育实践（Dewey，1938）。

还有著名的反思实践的研究专家舍恩（Schon），他将反思与事后进行的回顾事前行为的反思相区分，将行为上的反思定义如下。

"现在正在开展的实践中，正在做某事的期间要同时进行思考，即在行动中进行思考"（Schon，1987，p. 26）。

然而，舍恩的反思研究着重放在情感上，很难与具体的实践联系起来。在这一点上，本书已经多次介绍过的科勃的方法更有效，他是对经验和基于经验的学习做了大量的实证研究得到的，具有体系化、具体化的特点。科勃的反省模型被称为"学习周期"的方法，按照如下顺序进行（Kolb，1984）。

（1）获得经验：实践和具体事情。

（2）反思性观察：思考经验，从自己的感想和见解、团队他人的感想等多个视角来思考发生的事情。

（3）理论化：运用分析事情的理论进行反思，从经验中找出规律或得出结论，对经验和教学整理加工。

（4）应用于实践：以理论化的结果指导新的行动或调整今后的做事方式。

如图 26 所示，在各个阶段的背景下获得的四个知识（方便的知识、分散的知识、同化的知识、收敛的知识）和两个理解（碎片的理解、综合的理解）。值得注意的是，该图不是一个同圆平面图，科勃主张该圆中四个步骤反复进行，由此反省式学习成为一个螺旋上升的发展模式。杜威的实用主义学习模式虽然也是呈螺旋形发展的，但是，科勃指出该图的步骤及发展模式更加缜密。

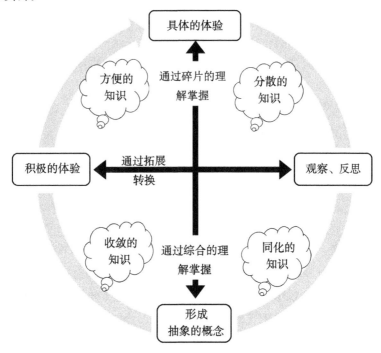

图 26　科勒的经验学习模式 1：回顾（反省）

出处：根据 Kolb（1984）p. 42 做成。

将此模型作为学习的内容具体化后，如图 27 所示。图 27 演示了一个从反思到理论化再到实践的过程，这个过程是通过学习汽车概念的时候展示的。通过集中的思考得出了汽车的意义，通过访问汽车博物馆，扩展了其概念的范围。同时，对汽车进行抽象理论化，进而导入下一个能动的实践模式。

另外，通过体验学习探索反思的研究学者中，还有鲍德（Boud），他对反思做了如下的定义。

"所谓的反思，是人们对自己的体验进行回顾、思考、探索、评价的重要的活动。这种伴随着亲身体验的活动，对于学习来说是非常重要的"（Boud，1985）。

通过体验学习探索反思的具体步骤如下（Boud，1985）。

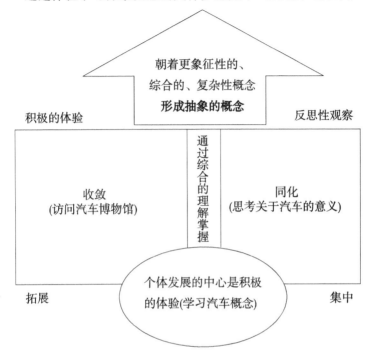

图 27　科勃的经验学习模式 2：经验学习的具体的模式

出处：根据 Kolb（1984）147 页制作而成。

（1）数据的收集和记录，包括回顾做过的事和过去的体验。

（2）记录要详细，使用认知能力，结合情感去思考。

（3）对已有信息进行归纳、整合与确认，进而重新评价已有体验，探究经验的意义。

（4）制订修正计划。

3.4 反思的具体方法

通过以上各种反思模式，我们总结出以下几条可以在日常教学实践中进行反思的具体的基本方法。

第一，首先敞开自己的心扉，采取讲述自己的行为。即便是自言自语，通过语言来回顾反省自己所做过的事，也会改变之后的行动。在向他人诉说自己的事情时，因为会接收到他人的意见，所以反思的效果会更加明显。在学习生涯的研究中，这种自己的"诉说"叫作"叙述"。所谓叙述，就是把自己的经验和所做的事情诉说出来。我认为、我想等诸如此类其本人的故事通过其自身的叙述，对自己来说逐渐成为更加深刻的反思，对他人来说成为可以被比较的共享的体验。

第二，记录自己的行为。相当于所谓的反省录或日记，其内容非常广泛，包括最基本的言行，如每天的行动记录、与自己有关的人以及发生的事。还包括自己过去的体验，如当时对已发生的事情所采取的行动，并从实际情况和发生的事情中学到的东西。另外，也包括今后需要学习的东西。就这样通过方方面面、使用不同的方式和各种简单明了的方法进行反思，考虑自己从中获取的经验和从他人的评价中得到的经验是否有关联，与抽象的理论对照的时候又该如何理解这些经历，如何从反思中达到自己制定的目标。

第三，通过说和写的行为来总结过去失败的经历，从中吸取教训。特别是回顾与他人的关联及自己采取的行动，是在什么状况下做了些什么，最终结果如何，发生了什么等，对过去状况和发生的事情及每个环节进行回顾，为防止再次失败而进行反思，以促进自己的成长。

特别是将这种失败的经历写出来或者向别人诉说时，周围的环境和他人会对此做出怎样的反应这一点对自己的反思非常重要。因为那是一个将自己客观化的过程，会成为从心理上改变自己的机会，但是如果没有接纳自己的失败的他人和组织存在的话，人也是会失去成长的机会的。倘若将核心素养理解成可以引导人们走向成功和幸福的概念的话，那么接纳对失败、痛苦和烦恼进行反思的人和支持其成长学习的环境会变得至关重要。

第 14 章

迈向提高教师核心素养的世界

前　言

　　目前，无论是日本的学校教育，还是全世界的教育界都迎来了巨大的变动改革时期。以上各章以教师的核心素养，特别是如何提高日本教师的素养为中心开展了论述和分析，但是，欧美以及其他发展中国家也针对如何提高本国的教师核心素养在积极研究并应用到实践中去。为此，本章将就世界其他国家的研究和实践动向从三个大主题进行讨论。第一，世界发展进程中，欧洲特别是指欧盟提案的教师共通原则。第二，随着科学技术的发展，联合国教科文组织就 ICT 素养研究框架做的提案。第三，期待提高教师素养的众多研究，特别就伙伴关系的问题进行讨论。也就是说，提高教师的素养绝不仅仅是教师个人的问题，可以说其根本所在是如何改善学校环境以及学生学习环境的问题。

第 1 节　教师核心素养共通原则

　　欧盟与全世界所有国家、地区一样，在迈向知识型社会的过程中积极推进教育改革，在定期开展的教育、教师培训计划的研究中都以如何提高教师素养为目标。

关于核心素养，2006 年公布的《与终身学习的核心素养有关的欧洲议会理事会劝告》中，提出"为了终身学习的核心素养：欧洲参考框架"。为此，欧盟各国都参考该提案在各国开始了教育改革，该框架全面定义和诠释了八项欧盟终身学习的核心素养。这八项核心素养具体是：母语交流；外语交流；数学素养和科学与技术素养；数字化素养；学会学习；社交和公民素养；主动与创新意识；文化意识与表达。

另外，欧盟各国教师能力和资质的培养也展开了研究，在2005 年 EC 会议上提出了《教师能力和资质的欧洲共同标准》为题的报告，在此报告中，欧盟将教师的作用和其终身学习以及职业发展置于重要的地位（参考卷末资料）。

而且，教师为了应对变化的知识型社会的挑战，不但自身要积极地参与社会，而且要把学习者培养成具有自主学习和终身学习能力的人。为实现该目标，教师必须要"不断思考学科知识、教学内容、教学方法以及教育的社会和文化价值，通过不断研究和创新，反思教与学的过程"。从这点来说，教师教育也需要置于高等教育的水准，由于教师教育与高等教育和学校以及教师工作的其他部门具有密切的关系，所以必须给予教师培养最大的帮助。

尤其具有特别意义的地方是由不同文化不同国家组成的欧盟，在核心素养框架中的第八条提出了文化意识与表达。另外，教师交流能够实现的前提是欧盟各国间相互信任，对于各国教师的能力和资格认定达成一致结论。

在该报告中，就教师间的共同基准，列举了以下四点内容。

第一，教师是具备优秀资质的职业。所有全职教师必须从高等教育院校毕业，换言之，在教育教学领域里，从入门阶段开始直到具备扎实的专业基础，获得相应的教学资格的同时，要积极发展自己的教学实践能力，这也是提高他们将来在岗位上自身专业发展可能性的重要一点。所有的教师都要具备丰富的学科知识、教与学知识，具备指导和支持学习者的技巧和能力，还要能深刻理解教育的本质、教育的社会性和教育的文化性。

第二，教师是终身学习的职业。必须支援教师将专业发展贯穿于整个职业生涯。教师自身以及学校管理者，需要明白不断获得新知识的重要性，会运用科学的依据和知识对工作进行改革与创新。教师为了在其职业生涯中不断取得进步，要不断回顾与总结有效的教学实践，参与对制度的革新与教学实践的研究，适应高度化的社会，并与当今知识社会的发展保持同步。管理者们应当鼓励教师们积极参与有助于教育专业性开发的学习项目，这里的教育专业性开发也包括教育领域以外的经验，这些教育领域以外的经验也应为教育制度所认可，并得到应有的评价。

第三，教师是流动性的职业。该报告指出，关于流动性应当成为新入职教师教育培训和持续专业发展培训项目的中心因素，鼓励教师积极参加欧洲项目，为了获得更进一步的专业发展去欧洲其他国家学习和工作。同时，对于正在其他国家工作的教师，不但这些教师所在的国家要保障他们的地位，他们的流动性参与也应为自己的祖国所认可、所重视，祖国也应该为他们提供在教育部门内不同教育水平和不同专业之间流动的机会。

这一点，不仅对欧盟各国很重要，在当今发展的社会中，日本也应当积极为教师提供去其他国家接受教育培训和学习的机会，制定鼓励这些教师将其学习成果应用到教学实践的制度。

第四，教师是基于合作关系的职业。需要开展教师培训的教育机构，学校、地方教育机构、职业培训机构以及其他相关人员形成合作伙伴关系，共同开展和组织教师培训工作。例如，大学应该保障教授最新的教育方法理论知识，培训机构应该保障教授多种多样的教学技能，大学与培训机构应该建立友好的合作关系，使提供学术、科学理论依据的教师和通过实践技能的教师加强合作。新入职教师通过持续参加培训，可以有能力和自信去回顾自身的实践以及在与他人的交流中学习他人的实践经验。此外，为进一步提高教师的专业性，教师教育应该得到足够的支持，要将其教师教育本身作为学习和研究的对象。

为教师提供终身学习的机会，通过多部门间的流动和机构间的合作，提高其专业资质，继论述了四条原则后，该报告又对教师提出了应该具备三种核心素养的要求。其内容为与他人合作的能力、运用知识与信息技术的能力、与社会共同工作的能力。

第一，与他人合作的能力。教师的工作是指建立在社会包容的基础上，去激发每一个学习者潜能的工作。教师拥有关于人类身心发展规律的知识，与他人交往时能充分显示自信。教师都有作为学习者的经历，所以了解学习者的心理，能支持他们主动参与社会。在教学中，教师能运用自己的教学技能促进学习者的集体智慧，同时需要不断提高自身学习新知识和新教学技能的能力，因而有必要与同事和他人协力合作。这一点与欧盟各国的社会背景有极大关系。欧盟居住着包括移民在内的许多少数民族，教师担负着培养欧盟公民全球责任感的职责，所以更应该加深对各民族的理解。教师自身需要具备与他人协力合作的能力，这一点与 OECD 核心素养中的互动地使用工具群体中互动的素养是相通的。

第二，运用知识与信息技术的能力。教师应该掌握多种多样的知识，通过学习和培训，能够使用、分析、验证、思考进而传递知识，并在适当的教学场合充分利用科学技术。而且能娴熟地将信息技术与学习、教学充分结合，指导学习者学习。教师还必须充分理解自己的学科知识并坚持终身学习，他们的教学实践和理论技巧应使他们能从自己的经验中汲取营养。进而与一系列旨在满足学习者需要的教学和学习策略相匹配。

第三，与社会共同工作的能力。欧盟的教师职责是把学习者培养成优秀的有责任感的欧盟公民，为此教师应该具备"促进欧洲各国教育之间的流动和互相合作，鼓励不同文化之间的相互尊重与理解"的能力，还应该具备"尊重、理解学习者的文化多样性"的能力。此外，也要具有"与合作伙伴、社区及有教育合作关系的人，如家长、教师培训机构和地方代表团体之间高效合作"的能力。致力推进欧洲社会的整合，挑战消除社会歧视的课题，具备符合高度知识型社会的道德。

以上介绍了欧盟提倡的教师应具备的素养，这些其实也是日本教师应该具备的。知识型社会的高度发展与环境问题的复杂化，要求各国教师的教育素养要尽快得到提高，并努力在国际范围内推进。这不仅对先进国家是有必要的，对发展中国家也同样如此。具体的事例，我们阅读下一节联合国教科文组织有关提高教师 ICT 能力的提案。

第 2 节　教师的 ICT 能力（联合国教科文组织）

联合国教科文组织于 2011 年与思科、ISTE 和微软等企业共同合作，制定并发布了《教师信息与通信技术能力框架》（*UNESCO ICT Competency Framework for Teachers*），这一框架详细描述了教师应具备的信息技术应用能力的阶段与焦点领域，为各国制定教师 ICT 能力的政策与标准提供了参考。与欧盟制定的知识与技术的报告中所涉及的教师 ICT 能力的内容相比，这个框架更完善，内容更详细。

这个框架从信息技术能力的角度将教师发展分为三个连续阶段。

（1）技术素养。

（2）知识深化。

（3）知识创造。

这三个阶段从基本的 ICT 读写能力即 ICT 素养开始，到知识创造阶段呈现了 ICT 能力的发展过程。

教师的工作分为如下六个方面。

（1）教育场合下的 ICT 理解。

（2）课程与评价。

（3）教学法。

（4）ICT。

（5）组织与管理。

（6）教师的专业学习。

这样一来，（3 个等级）×（6 个工作内容），教师 ICT 框架建构了包含 18 个模块的教师能力体系。

具体内容如下。

1. 技术素养具体包括以下内容

（1）教育场合下的 ICT 理解：政策意识。

（2）课程与评价：基础知识。

（3）教学法：融合技术。

（4）ICT：基本工具。

（5）组织与管理：标准课堂。

（6）教师的专业学习：数字素养。

2. 知识深化具体包括以下内容

（1）教育场合下的 ICT 理解：政策理解。

（2）课程与评价：知识应用。

（3）教学法：解决复杂问题。

（4）ICT：复杂工具。

（5）组织与管理：协作小组。

（6）教师的专业学习：管理与指导。

3. 知识创造具体包括以下内容

（1）教育场合下的 ICT 理解：政策创新。

（2）课程与评价：知识社会的技能。

（3）教学法：自我管理。

（4）ICT：普的工具。

（5）组织与管理：学习型组织。

（6）教师的专业学习：作为模型学习者的教师。

这 18 个模块全面详尽地描绘和构建了教师应该具有的 ICT 教育素养，可供实际操作参考。各国、各地区、各学校对于培养学生怎样的 ICT 能力，或者怎样评价现在开展的 ICT 教学状况，以及在制订今后的 ICT 教学课程计划时，可以将其作为一个参照框架予以利用。

第 3 节　提高教育的专业性与合作性

欧盟和联合国教科文组织关于教师素养的建议，都是针对教师个人提出的，但在各个提案中，也同时都强调为了培养这些素养，有必要为教师提供稳定的学习环境和创造良好的工作环境。这就意味着提高教师素养不能仅仅是单纯要求教师个人的努力，更要完善教师能发挥自身能力的学校环境。

对于学校内的学习以及工作环境的建设方面，主要包括与同事之间的合作关系的问题；与学校之外的合作伙伴关系中，则要非常重视与当地人的关系，特别是与青少年教育有密切关系的家长们建立良好的合作关系是至关重要的。

3.1 与家长的合作关系

家庭对儿童的影响从入学前就对儿童学习动机的培养、学习习惯的养成和学习策略的习得产生了巨大影响。进入学校阶段后，家庭组成成员、社会经济能力、文化背景以及家庭教养方式或者说是整个家庭教育，都与学校教育密切相关。孩子进入学校学习后，家长通过参加 PTA、参与学校各种纪念活动还有学校的志愿活动等，与学校逐渐建立起密切关系。

OECD 教育研究革新中心根据欧美各国具有代表性的实证研究总结了《学习的本质：把研究结果应用到实践中去》的报告，书里阐述了如何创造良好学习环境的办法，其中有一章参考大量研究和实证结果专门论证了家庭与学校的合作关系。（OECD 教育研究革新中心，2003）

诸多研究结果表明，家长跟学校的联系越多，高中退学率会越低，顺利毕业的学生会愈多。虽然家长与学校联系多与孩子学习成绩的好坏没有直接关系，但因为家长与学校联系密切后，家长会对学校和学校所在地区产生兴趣，产生一种同甘共苦的集体感，这些做法和情绪会间接地影响孩子的教育目标，随着家长与学校往来频率的增加，孩子们会无意识中唤起自己在学校里迈向成功的动力，久而久之就会影响到孩子的成绩。

更有研究从认知发展和情感等非认知发展这两个角度出发，分析家长和学校关联对学生学习的影响情况。一方面，有关认知发展的研究中，有的学者发现家长对于读书的态度，有时会影响孩子的读书活动以及读写能力的提高。教孩子文字和语言，或者保持每天一起阅读的习惯，通过对话丰富孩子的词汇量，对于他们的语言发展有很大的影响。还有的研究发现孩子在数学思维的发展上会受到父母的影响。另一方面，非认知发展研究发现，家庭会对孩子的自立性、忍耐力等情绪产生极大影响，健全的竞争意识也是通过家长来培养的。从情绪发展这一点可以看出，在少年期到青年期这一发展阶段，家庭的影响作用很大，非同一般，从学生的学习到在校人际交往、价值观的形成等，涉及各个方面。

例如，关于家庭作业这一点，教师为了鼓励家长参与孩子的家庭作业，特地提出了四条做法作为指南。

"找到利于学习的场所；留出充分的时间做家庭作业；可以帮助孩子一起做孩子不懂的课题，但不要代替孩子完成全部作业；要明确告诉孩子关于家庭作业的价值和重要性，作业可以帮助孩子一步一步接近他自己的教育目标，这与学校的教育目标也是一致的"（OECD教育研究革新中心，2013）。

在职业指导的研究中我们了解到，根据父母的期望调整自己就业志愿的年轻人，在高校毕业后更容易实现自己的目标。根据父母的期望进行调整的意思是指，亲自沟通比较多，孩子希望自己从事某种职业时，父母会尊重孩子的意志并积极向孩子介绍从事该职业的人，在孩子考大学时，选择大学和专业的时候，会给孩子提供与某种职业有关的信息，也会给孩子提高这些选择对职业规划的影响的信息等，而不是一切都甩给孩子的放任方式。家人就孩子从事什么样的工作进行交流时，家长能提供建设性的意见。比起孩子的学习成绩，家长要更重视自己如何与处于青春期的十几岁的孩子沟通交流，以及如何做人生规划的方法。

尤其要重视的情感支持，应该是如何提高孩子的自我效能感。孩子在感觉得到家长的支持时，他们会增强自己对学习的欲望，提高自己的自尊感。

关于如何培养孩子，家长与教师应该处在共同的立场上。例如，在日本，小野田经过多年的追踪研究发现了许多家长与学校之间存在的问题，摸索出了很多实践解决方法。如何解决家长和学校之间的矛盾，小野田在下文中提出了其最重要的观点。

"在'大家的学校'里学习成长，意味着孩子们会在今后的社会建设中抱有明确的意识和行动，所以家长和学校要携手合作，让孩子们在'大家建设的学校'里学习成长，孩子们会自然而然地产生爱校之心，而且会为让自己的学校变得更加美好而不

断努力，这个合作的过程是非常正确的做法，而且是非常崇高的做法……"（小野田，2008，194 页）

但相反，如果家长与教师处在一种对立的关系中，彼此就很难形成以孩子的幸福为第一的想法，两者间难以建立互相信赖的关系。在这种欠缺信赖关系的情况下，会给孩子的学习带来恶劣的影响。为改善这种状况，学校要主动组织那些自我效能低的家长、持有极少社会资源的家长、对学校事情不管不问的家长，邀请他们来参加学校建设和教学实践，逐渐建立起与家长的联系。这时，要注意的一点是，邀请家长来参加学校建设不是为了帮助学校管理孩子，而是要向家长传达这样一个信息，即学校跟家长的心情是一致的，都从内心里重视孩子的成长。小野田的研究指出，教师应鼓励家长积极参加学校与地区学校后援会携手共创的课外学习课程，通过这些课外活动，加强家长是孩子的第一任教师这一意识，积极开展"家长就是教师的活动"，加深家长对学校的理解，加强两者的合作。

正如图 28 所示，家长与教师的关系，表现在共同培养孩子方面，家长与教师需要严肃地认识到这一点。

例如，在新加坡，政府引导与监护人之间的合作关系，给出了以下五条原则。（http：//parents-in-education. moe. gov. sg/parents-in-education/building-on-trust-partnering-as-one,[1]　作者于 2014 年 1 月 20 日阅览）

（1）信赖是基石。

（2）不要忘记孩子的事情。

（3）相互理解彼此的责任。

（4）探寻共通的基石。

（5）共同朝同一目标努力工作。

---

[1] 编辑注：因成文需要，现已无法访问。

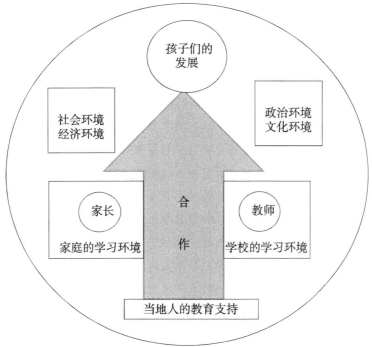

图 28　家长与教师的合作关系

教师们也是遵循这些原则开展教学活动的，因而才与家长产生了良好的合作关系。

3.2 与同事友好的合作关系

对于在学校工作的老师来说，最亲近的友好合作关系是同事（教师）间的关系。关于这个问题，近几年取得了很大的进展，研究发现构建良好的同事关系是提高教师素质的关键。尤其是在学校组织论和知识经营论的关系中被特写的"专门职业的学习共同体"（织田，2011）。

其代表性的研究者霍德（Hord）指出："学校的目的是'学生的学习'，学生学习是否能很有成效的重要因素是'教学的质量'，关于这一点每个人都会赞同"。其次，他认为教学的质量能够通过持续的、专业知识的学习得到改善（Hord，2009）。他主张，最能够对作为专门职业的学习进行支援的，是专门职业的学习共同体的存在。

学习共同体的成员要去理解教室中学生的学习和与同事的学习之间的联系，这就意味着理解教室中学生的学习是指通过学生的多元化数据来分析学生应该如何学习才能取得成效，与同事之间的联系是指教师们通过同事之间的互相学习来探讨如何更好地教学，更有效地支持学生的学习。通过学习共同体的开展，教师们会共同注意到学生什么学科没能学好，学科中什么地方感到费解，由此一起研究有关学习内容的新方法，发现问题所在，并能及时改善教学方法。像这样在一起共同合作、坚持不懈学习的教师团队，会把这种良好的学习习惯保持下去的。当其中某一位教师在教学实践中出现问题的时候，这个教师学习共同体成员能一起讨论、分析，研究不同的教学法来解决问题（教师间相互信任、相互支持、积极合作、资源共享、持续探寻的集体文化氛围，对于促进青年教师的专业发展有着重要意义）。

霍德指出，专门职化的学习者共同体的另外一个特征就是"共同体"这一特征本身，具体表现在：团队成员有共同的目标，彼此之间互相关心、互相照顾、诚实、信任。专门职化的学习共同体可由以下三句话来定义（Hord，2009）。

所谓"专门职化"是一种专业意识，是指"为了学生能够相互踏踏实实地学习，对有效指导方案的普及能够承担责任并予以说明的个体"，他们"对自己的学习和学生的学习皆抱有热情，为了实现自我专业成长和学生成长而共同担起责任的人"。

此时的"学习"是"将学习作为一个专门职业来从事，为了增加自己的知识和提高自己的教学技能所做出的活动"。

另外，所谓的"共同体"是基于共同的目标和兴趣而自发组织的团体，旨在通过彼此的合作、沟通、交流和分享各种学习资源，来共同完成某一学习任务，促进教师专业发展。在学习过程中共同体的成员之间形成了相互影响、相互促进的人际关系。

在研究专业化学习共同体时，霍德认为以下六个要素是共同体构成的条件（Hord，2009）。

第一，"共享信念、价值观和愿景"。这是教师之间有关理想的学校发展状态方面能形成某种程度的共同价值观和信念的必要条件。

第二，"相互支持与共同领导"。教师与校长的关系虽然十分重要，但在实际教学中，教师拥有多少权利、权威和教师决定权更关键。

第三，"提供支持性的条件"。教师能有多少时间参加学习共同体的活动，是否能保证共同体活动的场所，是否有资源和教材的支援等。

第四，"提供相互支持的环境"。对于学校内部的学习活动，是否能够得到共同体内部的尊重和关心。

第五，是否开展了"集体创造力"的学习活动，是否正确把握学生的学习需求并为其指明努力的方向，是否在学习共同体内就如何提高教师专业技能做研究。

第六，是否在教师间"共享个人实践"。教师不独占自己的教学方法和教材资源，而是与同事共享，通过与同事的合作、探讨和互相支持来提高个人和学校整体的教学能力。

此外，有关教师学习共同体的研究，在 2008 年开始的 OECD 教师教学国际调查（Teaching and Learning International Survey，TALIS）的第二次报告《教学实践和教学创新：源于 TALIS 的调查》（*Teaching Practices and Pedagogical Innovation：Evidence from TALIS*）（OECD CERI，2012）中，也有大篇幅的内容。

该报告指出，教师协作学习共同体的特点是共同合作、目标共有、聚焦学习、反思式探寻与实践共享（OECD CERI，2012）。运用了霍德的共同体概念、构建教师学习共同体的目的是改善持续开展的教学实践，支持教师的专业成长，这对于促进教师的专业化发展，开展系统的、探究性的协作式活动有极大的帮助。

另外，该报告特别指出教师的专业化学习就是为了提供高质量的教学水平而互动地利用各种工具和教学资源的活动。在此基础上，基于学校的发展特点，加上促进教师专业发展的网络支持、督导引领和多种多样的培训机会，在广义上，整个学校都可被称为专业化的学习共同体。而且，对于广义的学校共同体的发展研究可以从学校的正式条件和非正式条件两个方面进行分析。前者包括学校规模、资源利用的可能性和学校的自主性等内容，后者包括对教学实践的反思，教师团队共享创意和大范围地讨论问题等情况。

日本参加了 2013 年的 TALIS 调查，应该如何分析这次调查的结果，我们期待新的研究。

参　考

引用文献

相川充（2008）『先生のためのソーシャルスキル』サイエンス社

アルボム，ミッチ（1998）『モリー先生との火曜日』NHK出版（Albom, M. , *Tuesday with Morrie* , *David Black Literary Agency* , 1997）

岩崎久美子（2010）「教育学分野でのエビデンスの産出」『薬理と治療』vol. 38、No. 1

上田紀行（2005）『生きる意味』岩波新書

内田樹（2008）『街場の教育論』ミシマ社

OECD 編著（2005）『教員の重要性：優れた教員の確保・育成・定着』国立教育政策研究所国際研究・協力部監訳、国立教育政策研究所（OECD, *Teachers Matter*：*Attracting* , *Developing and Retaining Effective Teachers* , OECD Publishing, 2004）

OECD 編著（2010）『PISA2009 年調査 評価の枠組み』国立教育政策研究所監訳、明石書店（OECD, *PISA 2009 As-*

sessment Framework：*Key Competencies In Reading*，*Mathematics*① *and Science*，*OECD Publishing*，2009）

OECD 編著（2012）『OECD 教員白書：効果的な教育実践と学習環境をつくる第 1 回 OECD 国際教員指導環境調査（TALIS）報告書』斎藤里美監訳、木下江美・布川あゆみ・本田伊克・山本宏樹訳、明石書店（OECD，*Creating Effective Teaching and Learning Environments*：*First Result's from TALIS*，OECD Publishing，2009）

OECD 教育研究革新センター編著（2008）『形成的アセスメントと学力：人格形成のための対話型学習をめざして』有本昌弘監訳、明石書店（OECD CERI，*Formative Assessment*：*Improving Learning in Secondary Classrooms*，OECD Publishing，2005）

OECD 教育研究革新センター編著（2009）『教育のトレンド：図表でみる世界の潮流と教育の課題』立田慶裕監訳、座波圭美訳、明石書店（OECD CERI，*Trends Shaping Education*：*2008 edition*，OECD Publishing，2008）

OECD 教育研究革新センター編著（2011）『教育のトレンド2：図表でみる世界の潮流と教育の課題』立田慶裕監訳、宮田緑訳、明石書店（OECD CERI，*Trends Shaping Education*：*2010 edition*，OECD Publishing，2010）

OECD 教育研究革新センター編著（2012）『知識の創造・普及・活用：学習社会のナレッジ・マネジメント』立田慶裕監訳、明石書店（OECD CERI，*Knowledge Management in the Learning Society*：*Education and Skills*，OECD Publishing，2000）

---

① 编辑注：原文为 "Mathmatics"，现更正为 "Mathematics"。

OECD 教育研究革新センター編著（2013）『学習の本質：研究の活用から実践へ』立田慶裕・平沢安政監訳、明石書店、2013（OECD CERI，*Nature of Learning*：*Using Research to Inspire Practice*，OECD Publishing，2007）

長田弘（2006）『読書からはじまる』日本放送出版協会

織田泰幸（2011）「『学習する組織』としての学校に関する一考察：Shirley M. Hordの『専門職の学習共同体』論に注目して」三重大学教育学部研究紀要、Vol62、211-228 頁

小野田正利（2008）『親はモンスターじゃない！イチャモンはつながるチャンスだ』学事出版

カーン、サルマン（2013）『世界はひとつの教室：「学び×テクノロジー」が起こすイノベーション』三木俊哉訳、ダイヤモンド社（Kahn，S.，*The One World Schoolhouse*：*Education Reimagined*，*Inkwell Management*，LLC.，New York，2012）

喜多村和之（1995）『人は学ぶことができるか：教師と弟子』玉川大学出版部

教職員生涯福祉財団（2008）『教職員の生きがいに関する意識・実態等調査研究報告書』三菱 UFJリサーチ＆コンサルティング

葛上秀文（2009）「相互に高めあう協働的な教師文化の構築」『「力のある学校」の探究』志水宏吉編、大阪大学出版会

厚東洋輔（1991）『社会認識と想像力』ハーベスト社

国立教育政策研究所編（2009）『教育におけるICTの活用：第 2 回 IEA 国際情報教育調査 2006 報告書』国立教育政策研究所

国立教育政策研究所編（2010a）『読書教育への招待』東洋館出版社

国立教育政策研究所編（2010b）『生きるための知識と技

能 4：OECD 生徒の学習到達度調査（PISA）2009 年調査国際
結果報告書』明石書店

国立教育政策研究所編（2013a）『生きるための知識と技能
5：OECD 生徒の学習到達度調査（PISA）2012 年調査国際結
果報告書』明石書店

国立教育政策研究所編（2013b）『成人スキルの国際比較：
OECD 国際成人力調査（PIAAC）報告書』明石書店

国立教育政策研究所内国際成人力研究会編（2012）『成人
力とは何か：OECD「国際成人力調査」の背景』明石書店

小宮山博仁・立田慶裕編（2004）『人生を変える生涯学習
の力』新評論

志水宏吉編（2009）『「力のある学校」の探究』大阪大学出
版会

スティグレール，ベルナール（2009）『向上心について：
人間の大きくなりたいという欲望』メランベルジェ眞紀訳、新
評論（Stiegler，B，*Des Pieds et Des Mains：Petite Conference*
Sur L'Homme et Son Desir de Grandir，Bayard，2006）

スペンサー，ライル・M.／ミグネ・M. スペンサー（2001）
『コンピテンシー・マネジメントの展開：導入・構築・活用』
梅津祐良・成田攻・横山哲夫訳、生産性出版（Spencer，
Jr. L. M.，and Spencer，S. M.，*Competence At Work*，John
Wiley&Sons，Inc.，1993）

センゲ，ピーター・M.（1995）『最強組織の法則：新時代
のチームワークとは何か』守部信之訳、徳間書店（Senge，
P. M.，*The Fifth Discipline：The Art & Practice of The*
Learning Organization，Doubleday Business，1990）

ダーリング＝ハモンド，L.／J. バラッツ＝スノーデン
（2009）『よい教師をすべての教室へ：専門職としての教師に必

須の知識とその習得』秋田喜代美・藤田慶子訳、新曜社（Dar-ling-Hammond，L. and J. Baratz-Snowden，*A Good Teacher in Every Classroom*：*Preparing the Highly Qualified Teachers Our Children Deserve*，Jossey-Bass，2005）

竹内敏晴（1999）『教師のためのからだとことば考』ちくま学芸文庫

田嶋幸三（2007）『「言語技術」が日本のサッカーを変える』光文社新書

立田慶裕（2002）「成人の学習能力についての考察：生涯学習社会の文脈から」日本生涯教育学会年報、23 号、17-37 頁

立田慶裕（2006）「知識社会の教育システム：教育の工夫と知識の共有化」日本教育経営学会紀要、第 48 号、170-174 頁

立田慶裕（2007）「生涯学習のためのキー・コンピテンシー：理論的枠組から実践的展開へ」生涯学習・社会教育ジャーナル、157-198 頁

立田慶裕・岩槻知也編（2007）『新しい視点の生涯学習：家庭・学校・社会で育む発達資産』北大路書房

立田慶裕・井上豊久・岩崎久美子・金藤ふゆ子・佐藤智子・荻野亮吾（2011）『生涯学習の理論：新たなパースペクティブ』福村出版

立田慶裕（2010）「ニュージーランドの教育カリキュラムと学力問題」日本国際教育学会紀要第 17 号、15-29 頁

タム，ジェームス・W. ／ロナルド・J. リュエット（2005）『コラボレーションの極意：協働を導くための5つのスキル』斎藤彰悟監訳、春秋社（Tamm，J. W. and Luyet，R.，*Radical Collaboration*，c/o Baror International，Inc. Armonk，New York，2004）

デジ，エドワード・L./リチャード・フラスト（1999）『人を伸ばす力：内発と自律のすすめ』桜井茂男監訳、新曜社（Deci，E. L.，*Intrinsic Motivation*，Plenum Press，1975）

ドラッカー，ピーター・F.（2007）『断絶の時代（ドラッカー名著集 7）』上田惇生訳、ダイヤモンド社（Drucker，P. F.，*The age of Discontinuity*，Harper&Row，1969）

フレイレ，パウロ（2001）『希望の教育学』里見実訳、太郎次郎社（Freire，P. R. N.，*Pedagogia da Esperanca：Un Reencuentro Con La Pedagogia del Oprimido*，Paz e Terra，1999）

ポラニー，マイケル（1980）『暗黙知の次元』佐藤敬三訳、紀伊國屋書店（Polanyi，M.，*The Tacit Dimension*，Routledge & Kegan Paul Ltd. London，1966）

ホワイト，R. W.（1985）『自我のエネルギー：精神分析とコンピテンス』中園正身訳、新曜社（White，R. W.，*Ego and Reality in Psychoanalytic Theory：a Proposal Regarding Independent Ego Energies*，International University Press Inc.，1963）

ボーム，デヴィッド（2007）『ダイアローグ：対立から共生へ、議論から対話へ』金井真弓訳，英治出版（Bohm，D. and Nichol，L.，*On Dialogue 2/E*，Routledge，1996）

丸山圭三郎（2008）『言葉とは何か』ちくま学芸文庫

メリアム，シャラン・B./ローズマリー・S・カファレラ（2005）『成人期の学習：理論と実践』立田慶裕・三輪建二監訳、鳳書房（Merriam，S. B. and Caffarella，R. S.，*Learning in Adulthood*，Jossey-Bass Publishers，San Francisco，1999）

メリアム・シャラン・B. 編（2010）『成人学習理論の新しい動向：脳や身体による学習からグローバリゼーションまで』

立田慶裕・岩崎久美子・金滕ふゆ子・荻野亮吾訳、福村出版
（Merriam，S. B. edits，*Third Update on Adult Learning Theory*，Wiley Periodicals，Inc.，2008）

守谷雄司（2007）『仕事は段取り八分で決まるんだ!』中経の文庫

ユネスコ21世紀教育国際委員会（1997）『学習：秘められた宝──ユネスコ「21世紀教育国際委員会」報告書』天城勲監訳、ぎょうせい（UNESCO，*Learning the Treasure with in: Report to UNESCO of the International Commission on Education for the Twenty-first Century*，UNESCO，1996）

ライチェン，ドミニク・S./ローラ・H. サルガニク編著（2006）『キー・コンピテンシー：国際標準の学力をめざして』立田慶裕監訳、今西幸蔵・岩崎久美子・猿田裕嗣・名取一好・野村和・平沢安政訳、明石書店（Rychen，D. S. and Salganic，L. H. edit，*Key Competencies for a Successful Life and a Well-Functioning Society*，Hogrefe & Huber Publishers，2003）

ライル，ギルバート（1997）『思考について』坂本百大・井上治子・服部裕幸・信原幸宏訳、みすず書房（Ryle，G.，*On Thinking*，Basil Blackwell，1979）

渡辺健介（2007）『世界一やさしい問題解決の授業：自分で考え、行動する力が身につく』ダイヤモンド社

Boud，D.，Koegh，R. & Walker，D.（1985），*Reflection: Turning Experience into Learning*，London: Kogan Page.

Dewey. J.（1938），*Logic: The Theory of Inquiry*，MN: Rinehart & Winston.

European Commission（2006），'Recommendation of the European Parliament and of the Council of 18 December 2006，On key competences for lifelong learning' *Official Journal* L

394 of 30. 12. 2006.

European Commission (2005), 'Common European Principles for Teacher Competences and ualifications', http: //ec. europa. eu/ education/polocies/2010/doc/priciples _ en. pdf.

Guthrie, J. T., McRae, A. & Klauda, S. L. (2007) 'Contributions of Concept-Oriented Reading Instruction to Knowledge About Interventions for Motivations in Reading', *Educational Psychologist*, 42 (4), pp. 237-250

Hattie, J. (2003), "Teachers Make a Difference: What is the Research Evidence?", Keynote address presented to the conference Building Teacher Quality, October 19-21, Australian Council for Educational Research, Melbourne.

Hord, S. M. (1997), *Professional Learning Communities: Communities of Continuous Inquiry and Improvement*, Austin, TX; Southwest Educational Development Laboratory.

Hord, S. M. (2009), 'Professional learning communities: Educators work together toward a shard purpose', *Journal of Staff Development*, 30 (1), pp. 40-43.

Kegan, R. (1980), 'Making Meaning: The Constructive-Developmental Approach to Persons and Practices', *The Personal and Guidance Journal*, January, 1980, pp. 373-380.

Kegan, R. (1994), *In Over Our Heads: The Mental Demands of Modern Life*, Harvard University Press.

Kegan, R. (2001), 'Competencies as working epistemologies: Ways we want adults to know', in Rychen D. S. & Salganik, L. H. (Eds.), *Defining and Selecting Key Competencies*, pp. 192-204, Germany: Hogrefe & Huber.

Kolb, D. (1984), *Experiential Learning: Experience as*

the Source of Learning and Development, Prentis Hall.

OECD CERI（2012），*Teaching Practices and Pedagogical Innovation：Evidence from TALIS*，OECD Publishing.

Rychen，D. S. &.Salganik，L. H. （2001），*Defining and Selecting Key Competencies*，Hogrefe & Huber，Germany.

Schon，D. （1987），*Educating the Reflective Practitioner：Toward a New Design for Teaching and Learning in the Professions*，Jossey-Bass.

Taste，H. （2001），'Ambiguity，Autonomy，and Agency：Psychological Challenge to New Competence'，in Rychen，D. S. &.Salganic，L. H. ，2001，*Defining and Selecting Key Competencies*，Hogrefe &Huber，Germany，pp. 93-120.

Trilling，B. & Fadel. C. （2009），*21st Century Skills*，John Wiley & Sons.

UNESCO（2011），"ICT Competency Framework for Teachers"，UNESCO.

Wilkerson，J. R. （2007），*Assessing Teacher Competency*，Corwin Press.

资　料

欧盟：欧洲教师能力

和资质共同标准

European Commission，"Commission European Principles for Teacher Competences and Qualification"，2005。

前言

制定"欧洲教师能力和资质的共同标准"，是为了支持欧盟各个国家和地区层面的政策制定者，同时也是为了回应欧盟委员会在"2010教育与培训"的中间报告中所提及的课题而提案的。

背景

教师在帮助青少年和成年人获得学习经验方面扮演着重要的角色。欧盟各国目前正在为到2010年成为世界高度发达的知识经济社会做出改革，在这种情况下，教师同样也是教育系统发展以及实施这场改革的关键，教师们知道，高质量的教育能够为学习者提供较高的自我成就感、优秀的社会技能和各种各样的就业机会。教师这一职业对社会发展有着重大的影响，教师经常被发掘学习者潜能的内在需求所鼓励，努力创造更好的教育，拥有包容所有人的胸怀，承担着激发人类潜能和培养下一代的重要职责。因此，欧盟把教师教育及其终身学习和职业发展作为实现真正高质量教育提升的关键。教师要应对不断变化的知识社会的挑战，并积极参与到知识社会的发展之中，为了把学习者培养成具备自主学习和终身学习能力的人，教师必须不断思考科学知识、教学内容、教学方法以及教育的社会和文化价值，通过不断研究和创新，反思教与学的过程。必须使教师教育达到高等教育水平或同等水平，并得到高等教育机构和学校，以及其他一些教师任职的教育机构的联合支持。

另外，教师们还担负着把学习者培养成合格欧盟公民的重要职责，因此，教师很有必要了解并且尊重各种不同的文化。借鉴欧洲其他国家的经验，通过合作应对各类挑战。因此，亟待提高欧盟教师素养和培训质量，加快欧盟各国间的教师资格认定。

尽管教师在社会中居于很重要的地位，但无法维持个体的活动，高质量的教师教育应该得到教师所在学校以及教育机构的支持，并得到国家或地区相应的适当而强有力的政策支撑。这些政策必须置于基本且更为宽泛的教育政策之中，不仅在教师由研究的初始者到持续的专业化发展中必不可缺，同时，那些培训教师的人和机构的质量也至关重要，他们一样需要得到支持，这一点也应纳入国家或区域教师教育政策之中。

欧洲教师职业的共同标准

作为欧洲教育发展的推动力，这一标准势必会提高整个欧盟的教育质量和效率，其共同标准如下。

（1）教师是一个具备优秀资质的职业。

所有全职教师必须从高等教育院校毕业，换言之，在教育教学领域里，从入门阶段开始直到具备扎实的专业基础，获得相应的教学资格的同时，要积极发展自己的教学实践能力，这也是增加他们将来在岗位上自身专业发展可能性的重要一点。所有的教师都要具有丰富的学科知识、教与学知识，具备指导和支持学习者的技巧和能力，还要能深刻理解教育的本质、教育的社会性和文化性。

（2）教师是一个终身学习的职业。

必须支援教师将专业发展贯穿于整个职业生涯。教师自身以及学校管理者，需要明白不断获得新知识的重要性，会运用科学的依据和知识对工作进行改革和创新。教师为了在其职业生涯中不断取得进步，要不断回顾与总结有效的教学实践，参与对制度的革新与教学实践的研究，适应高度化的社会，并与当今知识社会的发展保持同步。管理者们应当鼓励教师们积极参与有助于教育专业性开发的学习项目，这里的教育专业性开发也包括教育领域以外的经验，这些教育领域以外的经验，也应为教育制度所认可，并得到应有的评价。

（3）教师是一个流动的职业。

在该报告中指出，关于流动性应当成为"新入职教师教育培训和持续专业发展培训项目的中心因素"，"鼓励教师积极参加欧洲项目，为了获得更进一步的专业发展去欧洲其他国家学习和工作"。同时，对于正在其他国家工作的教师，"不但这些教师所在的国家要保障他们的地位，他们的流动性参与也应为自己的祖国所认可和重视。应该为他们提供在教育部门内不同教育水平和不同专业之间流动的机会"。

（4）教师是一个合作的职业。

教师教育机构，应将学校、地方教育机构、职业培训机构以及其他相关所有利益相关者组织起来，形成合作伙伴关系，为开展教师教育通力合作。例如，大学应该保障教授最新的教育方法理论知识，培训机构应该保障教授多种多样的教学技能，大学与培训机构应该建立畅通的合作关系，使提供学术、科学的理论依据的教师和通过实践技能的教师加强合作，通过新入职教师培训与持续参加培训，使教师能够拥有能力和自信去回顾自身的实践以及从与他人的交流中学习他人的实践。此外，为进一步提高教

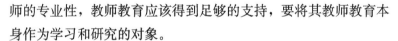

师的专业性，教师教育应该得到足够的支持，要将其教师教育本身作为学习和研究的对象。

为了使欧洲标准有效地执行：要培养教师的核心素养

社会经济的发展和文化的传承离不开教育和教学，因此应将教育融入它所处的社会情境中。所以，教师应当具备以下核心素养。

第一，与他人共同合作的能力。

教师的工作应当建立在社会包容的基础上，去挖掘每一个学习者的潜能。他们必须拥有关于人类身心发展规律的知识，与他人交往时能充分显示自信。教师都有作为学习者的经历，所以了解学习者的心理，能支持他们主动参与到社会中。在教学中，能运用自己的教学技能增加学习者的集体智慧，同时，需要不断学习新知识和新的教学技能，因而有必要与他人共同协力合作。

第二，运用知识与信息技术的能力。

教师应该掌握多种多样的知识，通过学习和教师培训，他们能够使用、分析、验证、思考进而传递知识，并在适当的教学场合充分利用科学技术。而且能娴熟地将信息技术与学习、教学充分结合，指导学习者学习。教师还必须充分理解自己的学科知识并坚持终身学习，他们的教学实践和理论技巧会使他们能从自己的经验中汲取营养。进而与一系列旨在满足学习者需要的教学和学习策略相匹配。

第三，与社会共同工作的能力。

欧盟的教师的职责是把学习者培养成优秀的有责任感的欧盟公民，为此，教师应该具备促进欧洲各国教育之间的流动和互相合作，鼓励不同文化之间相互尊重与理解的能力，还应该具备尊重、理解学习者的文化多样性的能力。此外，教师也要具有高效地与合作伙伴、社区及有教育合作关系的人，如家长、教师培训机构和地方代表团体之间合作的能力，用自身的经验和专业知识

155

对教育质量保证体系做出贡献。

以上所述的各种核心素养的培养都应当被纳入教师专业化发展的终身学习中，这包括教师的入职教育，早期职业支持和长期专业发展的各个阶段。当然，在教师入职阶段没有必要让他们具备上述所有的核心素养。

给各国和各地区政策制定者的建议

为了与欧洲共同原则的相关政策相符，该标准有如下建议，供各国和各地区政策制定者参考。

（1）确保教师具备较高的教学水平。

①教师必须毕业于高等教育院校或同等院校。

②新入职教师必须精通他们的专业并取得相应的教育资格。

③为了保证教师在欧洲高等教育领域中的地位，增加他们的专业提升机会和流动性，教师培训项目应当贯穿于高等教育机构中的学士、硕士、博士三个学习阶段。

④应当增加对教育和教师培训领域新知识的研究，促进基于实践的贡献。

（2）完善教师培训体系，保证为入职教育，早期职业支持和长期专业发展提供一体化的教师教育培训。

①为保证教师持续的专业发展，要给教师提供连贯的、有丰富资源的优质终身学习计划，包括正式的与非正式的各种学习活动。这些终身学习活动的内容里，包括以学科为基础的培训和教学方法的培训。这两种培训都应当得到相当的重视，并贯穿于教师的整个职业生涯。

②对入职不久后的早期职业支持和有工作经历的长期专业发展的教师培训项目的内容，应当体现出教学当中各个学科的交叉以及跨学科协作方法的重要性。

（3）鼓励教师在地区与国家间流动。

①促进和推广教师流动项目，并把它当作早期职业支持和长

期专业发展项目的重要组成部分。

②无论是早期职业支持培训还是长期专业发展培训，这些项目都要保证教师能够获得在欧洲内部的协作活动中所需要的知识和经验，因为教师担负着把学习者培养成具有全球责任感的欧洲公民的使命，因而教师要足够重视和尊重文化的多样性。

③在早期职业支持和长期专业发展项目中，应当促进教师们利用机会学习欧洲其他国家的语言，包括与专业相关的词汇的学习。

④进一步提高欧盟各国之间教师资格认证的可信度和透明度，促进相互信任，扩大教师的流动性。

（4）加强教育部门人员与其他利益相关者的合作。

鼓励教师任职的学校与企业界、民间培训机构以及高等教育机构之间进行合作，共同开发教育合作项目，以此来支持高质量的培训和高效的实践，同时建立连接本地教育和其他地区教育创新发展的资源网。

注

1. 本文中所指的教师是指依据某一国家的法规，通过实践而拥有教师地位并被认可的人。因国家不同，对教师的称呼也是多种多样，但大多应该具有同样的地位，所以使用了教师这个称谓。有的国家，把在学校和大学、企业以及培训机构的职业训练项目中，担任对入学学生和青年们的指导的人统称为教师。

2. 2010 教育与培训。2004 年 2 月 26 日，"里斯本战略紧急改革取得成功的关键要素"得到欧盟理事会和委员会双方的承认和通过，该报告提出了诸多教育与培训的政策和措施，其中包括教师和校长应具备的素养和资格，同时提出应该在众多地区把欧洲教师能力和资质的共同标准作为优先项目予以开展实施。

3. 有关教师的资格和业绩的具体内容应当在欧洲资格框架（The European Qualifications Framework）中进行理解。

4. 教师的终身学习既有专业的和正式的形式存在，也应该有非专业和非正式的形式存在。包括教育、培训、再培训，以及在学校的深造和在公共机构、民间机构的学习。培训是指对学科知识、教学法、学习法、教育学、心理学、组织法、理论和实践等影响个人学习过程的所有内容的学习。

5. 博洛尼亚进程（Bologna Process）意义上的学士、硕士、博士的 3 个水平。

出处：EUROPEAN COMMISSION Directorate-General for Education and Culture Commission européenne，B-1049 Bruxelles/Europese Commissie，B-1049.

后 记

——作为人的生存能力——

核心素养是 OECD 从 12 个成员国的教育政策中总结出素养指标报告后，邀请欧美不同学科领域顶级专家参与探讨，在DeSeCo 项目研讨会上遴选出来的关键概念。在此之后，有关能力的概念在各个国家又有了多种变化。

我（作者）带领团队于 2006 年翻译出版了 DeSeCo（2003）研讨会的报告《核心素养：迈向国际标准的学习能力》后，受邀在日本做了多场有关核心素养的演讲。以此为契机，我开始了核心素养的研究，一边密切观察该 DeSeCo 报告书的面世给教育界带来的变化，另一边查阅开发核心素养概念时所利用的 PISA 和PIAAC 等国际调查的数据，以及各国教育政策的发展动向，在这一过程中动笔写了几篇论文，后来为使日本社会更多地了解国际教育改革的发展趋势，我又致力于把 OECD 开展的几个主要研究成果翻译成日语。短短几年时间里，核心素养在世界各国普及的范围之广，核心素养这个概念变化之大，慢慢发展到我个人的能力已经无法全部掌握的地步了。

例如，在美国和澳大利亚，出现了几个以"21 世纪的能力"（*Assessment and Teaching of 21st Century Skills*）的概念模型，OECD 自身也出现了许多诸如"21 世纪的素养"和"成人能力"

（Adult Comptencies）等表达方式。类似这些核心素养的扩展研究，我已经启动了新的课题，计划以后另行向大家报告。

但是，从英国的"生活技能"（skills for life）的政策和其他国家的"21世纪技能"的用语来看，"技能"这个词缩小了素养这个词汇的深度和广度，所以也存在着减弱了能力的意义。我个人认为还不如日语词汇的"人间力"和"生存能力"更贴切，因为日语的这两个词汇减少了强调能力主义的要素，而且今后的社会里，学习的目的会更广泛，不再仅仅局限于对知识的记忆和技能的习得。

OECD 在积极推进开发测定能力的科学方法，以及研究适应知识型社会的教育方法和学习方法上取得了很多成就，所以各国在制定教育政策时会应用、参考它的很多教育测评结果。但是因为 OECD 有使用社会资本和人文资本这些术语的倾向，它的核心素养研究也被贴上了能力至上主义和新自由主义的标签。如果带着这种有色眼镜的话，就难免会陷入使用能力至上主义或者新自由主义的观点来理解核心素养的研究和本国的教育政策，创新思维因此也会停止不前，人们可能不再对核心素养的先进性和真实内涵进行探讨和理解。就像联合国教科文组织使用核心素养这一概念一样，不仅欧美等发达诸国，在开展包括识字能力等的阅读素养测定时，联合国的加盟诸国，加拿大的联合国统计研究所和美国教育考试服务中心也开始了几方共同合作，参与了评估调查，他们的测评使用了跟 PISA 和 PIAAC 所用的测量尺度非常相似的测量工具。

在日本的教育研究中，像这样测量能力的科学方法还没有充分开展起来，对于已经结束了的国际调查结果的分析和应用也差得很远。当然，即使是开展的国际调查，也不过是对阅读能力、数学能力及科学能力做了测量，而这三者不过是核心素养框架中的其中一个：互动的运用工具素养。

关于这一点，在 2003 年的《核心素养》（*Key Competencies for a Successful Life and a Well-Functioning Society*）报告书中，已经明确指出有一些课题亟待后续研究解决，例如，对非认知方面的研究不充分，对如何测量"书面表达"的能力尚没有合适的科学的测量尺度等。除此之外，还指出了"在社会异质团体中互动"的素养的测评，例如，如何评估个体在社会异质团体之间的交流能力和自律活动能力，其测量工具的开发有极大的困难。人际交往能力的评估方法，在 20 世纪 90 年代后半期，在几个国家实行的名为 ALL 的"成人生存技能"调查中，如团队合作能力的测量，只有在团队合作发生的情况下才可以观察到各个成员的情况如何，如果连团队合作的工作方式都不存在的话，将无从谈起。这就意味着在测量工具的开发阶段就已经遭到了失败。但是，测量工具的开发研制工作才刚刚开始，需要更多的研究者的加盟和合作。

对于以反思能力、省察能力为核心的三大核心素养的关系，目前存在着三者之间相互交叉关系的假说。也就是说，自主行动素养、在社会异质团体互动的素养、互动地使用工具的素养这三者之间，如果其中一个素养得到提高的话，其他两个素养也有可能会得到提高。

关于这一点，可以参考英国心理学家使用简洁的三类人的模式所开展的研究（Taste，2001），她在这篇论文中，把三大一级核心素养指标下的各个具体能力抽出来进行分析，具体有：使用科技技术的素养，处理复杂多样问题的素养，维持团队关联的素养，管理动机、感情和欲望的素养，拥有主动性和责任感的素养，通过分析这五个二级素养的关系来考察三大核心素养的关联，成为该研究背景的人的模型的设定非常巧妙，给我们带来了很多的启示。

Taste 教授提出了拥有与各种素养有关联的素养组合机制模

式。社会进行创新的同时，也能维持系统持续发展的人的内在拥有以下三个模式：第一个是解决问题的人；第二个讲故事的人；第三个是运用工具的人。解决问题的人比较擅长的事是认准目标解决问题；讲故事的人是一个巧妙运用语言和寓意把生活的点点滴滴构成文化、生成意义的人。运用工具的人能够使用包含语言和通信等与他人交流，通过在个人和环境之间的互动，掌握更多的使用工具的方法，以此培养自己具备更高的素养。

每个人都内存着这三个性质不同的素养机制模式，但各个模式的优劣强弱程度因人而异，有的人这三个素养模式都非常优秀。Taste教授主张这些模式的性质对社会的变化都有很好的适应性，讲故事的素养模式具备自律性，会使你形成并执行个人计划或生活规划；解决问题的素养模式可以制订社会的准则，具备管理与解决冲突的能力；运用工具的素养模式具备适应科技发展的同时具有创新高科技的能力，这也正是使人拥有应对社会急速变化的生存能力。

在知识和技能高速发展的今天，人们一谈到教师的职责就会认为，从事传授知识和技能职业的教师应该具备更多的知识和更高的技能。正因如此，世界各国都非常重视提高教师的资质。提高的方法不仅仅是学习的量的问题，即不是只要多习得知识和多掌握技能就行，而是需要具备终身学习的学习能力、人际交流沟通的互动能力、自主学习的自律能力，以及运用必要的工具来应对状况的综合能力。这要求教师应该成为具备优秀资质的人。

关于教师必备的素养，在本书中还有两点没能展开充分的讨论。

其中一个就是在第13章中论述的如何应用失败和烦恼来创造新的教育环境。学生在失败时能够从失败中得到教训的学习环境，教师能够接受学生的烦恼、建立能够共同解决烦恼的教育环境。当教师失败或产生烦恼时，又如何从教师自身的失败中吸取教训，周围的人又如何接受教师的烦恼，建立与之共同解决烦恼的学习和教育的环境。解决这个问题，只依靠教师培训的机会是远远不够的，更关键的是教育环境的建设。如果有一个好的教育环境，就意味着当老师碰到非常严重的教育问题时，不是孤军作战，而是学校和地区都能共同合作，齐心合力来解决问题。但目前这种教育环境的建设还仅仅是纸上谈兵，解决这个问题不是单纯的只提高教师自身的素养就可以做到的，它需要制定一个教育实施方案，把地区和学校，还有行政部门联合起来，作为一个组织、一个系统来共同应对的教育实施方案。

另外一个问题就是，有必要构建一个具备日本文化特色的日本版核心素养框架，也就是说，探讨构建如何发挥日本文化特色的核心素养指标体系。因为 DeSeCo 的核心素养概念是以欧美 12 个国家为中心而研制开发出来的，但即使是这样一个国际研究，其内容也没有涉及应用东西方文化差异素养的问题。

例如，梅里安（Merriam）等人指出，看待学习的视角存在东西方的差异，教育不都是基于西方的合理性依据而成立的，教育在日本和其他东方国家文化里，具有全面的（Holistic）、非认知的、扎根于当地社会的特色（Merriam，2010）。在日本和其他东方国家，学习大多是以一种众人共有的、以交流为基础的、非正式的学习模式来开展的。实际上，与文化有关的学习知识和自律性、团体社会性等的态度养成，与其说是在日本的各个学科里学到的，不如说是通过学校活动和社团活动中习得的。这些文化特色不但儿童和学生们要学习的，而且教师自身还担负着这样一个职责，就是对于日本文化是怎样考虑的，如何学习和保持其优良传统，又如何去传承和发扬。如果文化里面包括语言和历史的话，教师首先要学习和掌握丰富的日语，或者是从各个学科在日本的发展历史开始学起，例如，数学的日本史、物理的日本史，仅仅想象一下这样的学科学习就感到很有趣。

最后，本书第 1 章到第 12 章的内容是从 2009 年到 2010 年间，在月刊《学校管理》（明治图书出版）杂志上以"教师需要具备的综合能力：来自对核心素养的思考"为题的连载文章。

连载的这 12 篇文章的内容都是聚焦于三大核心素养的概念和框架，论述了在教师的具体实践教学活动中应该如何发挥这三大核心素养的作用。连载结束后的 3 年里，经过学习我发现自己对核心素养中最重要的省察能力、反思能力没有展开讨论，同时还发现没有考察欧盟提出的教师核心素养中很重要的一个内容：伙伴关系。当时又逢 2012 年和 2013 年，我带领团队翻译出版了 OECD 教育研究与改革中心的《知识的创造、普及与应用：学习者社会的知识管理》和《学习的本质：从理论研究到实践应用》这两本书，这些新的研究也都针对学校和地区以及家庭之间建立伙伴关系的重要性，学校作为学习组织的重要性进行了全面、深刻的论述。因此，在撰写本书时，我修改了连载时发表的文章，并在那些文稿的基础上，增加了第 13 章的反思能力和第 14 章的伙伴关系的问题。但是即使如此，就像前面我已经提到的一样，还遗留了很多的研究课题需要进一步开发、整理和论述。

我在去年的 2013 年（编辑注：原文出版时间为 2014 年）迎来了 60 岁花甲，从十几岁学生时代开始从事研究活动，至今仍在撰写论文，其中还有许多没有研究透的研究。尽管如此，还是努力执笔完成了此书的写作，这要归功于长年为我提供优良研究环境的国立教育政策研究所。以岩崎久美子女士、松尾知明先生为代表的研究所的同事们，还有以今西幸藏先生、平泽安政先生为代表的许多研究同伴们，长久以来，无论是在理论方面，还是在研究活动方面一直给了我诸多灵感和热忱鼓励，在此向你们致敬。在我还未完成的工作中，里面包括这些人给我布置的一些作业，我会在今后的研究中慢慢思考，加倍努力去完成。本书的校对工作由三浦惠子女士和山本邦子女士帮助完成，在此表示感谢。

　　另外，至今有关于 OECD 书籍的发行都得到了明石书店安田伸先生的大力协助，与安田先生初识是从《学校的安全与危机管理：从世界的事例和教训中学习》（*Lessons in Danger School Safety and Security*，2005）的出版开始，至今（编辑注：原文出版时间为 2014 年）已经超过 10 年了，在这期间他一直陪伴着我，非常有耐心地为我稚拙的翻译和文章做校正，安田先生的耐心超乎我的想象，对他的感激之情无以言表。最后，对给我个人生存力量的妻子京子致以最大的感谢。

　　　　　　　　　　　　　　　　写于 2014 年积雪的二月

　　　　　　　　　　　　　　　　立田庆裕

立田庆裕（TATSUTA Yoshihiro）

1953 年出生，在大阪大学人文科学研究科研究生院博士课程学分修满后退学。历任大阪大学助教、东海大学讲师、副教授，现任国立教育政策研究所总括研究官。主要著作和译著有：《教育研究ハンドブック》（教育研究手册）（编著，世界思想社，2005 年），《成人期の学習：理論と実践》（成年期的学习：理论和实践）（Sharan B. Merriam，Rosemary S. Caffarella 著，合译，风书房，2005 年），《学校の安全と危機管理：世界の事例と教訓に学ぶ》（学校的安全和危机管理：从世界上各国发生的案例和教训学起）（OECD 编，共译，明石书店，2005 年），《キー・コンピテンシー：国際標準の学力をめざして》（核心素养：迈向国际标准的学习能力》（Dominique Simone Rychen，Laura Hersh Salganik 編著、合译，明石书店，2006 年），《教育のシナリオ：未来思考による新たな学校象＜OECD 未来の教育改革 1＞》（教育的行动方案：立足于未来的新型学校形象＜OECD 的未来改革教育 1）》（OECD 教育研究改革中心编著，主译审校，明石书店，2006 年），《家庭・学校・社会で育む発達資産：新しい視点の生涯学習》（家庭・学校・社会携手共创人类新资产：新视角的终身学习）（共同编著，北大路书房，2007 年）、《教育のトレンド：図表でみる世界の潮流と教育の課題》（教育的发展趋势：从图表看世界的潮流和教育问题）（OECD 教育研究改革中心编著，主译审校，明石书店，2009 年），《世界の生涯学習：成人学習の促進に向けて》（世界各国的终身学习情况：促进成人学习的发展）（OECD 编著，主译审校，明石书店，2010 年），《成人学習理論の新しい動向：脳や身体による学習からグローバリゼーションまで》（成人学习理论的新动向：从大脑和身体的学习到全球化的学习）（Sharan B. Merriam 编著，合译，福村出版，2010 年）、《学校教員の現代的課題：教師力・学校力・実践力》（学校教师的现代课题：教师能力・学校能力・实践能力）（编著，法律文化社，2010 年）、《よくわかるヒューマン・キャピタル：知ることがいかに人生を形作るか＜OECDインサイト2＞》（洞悉人力资源：如何运用知识创造你的人生？＜OECD 洞察力 2＞）（Brian Keeley 著，OECD 编，专译，明石书店，2010 年）、《生涯学習の理論：新たなパースペクティブ》（终身学习的理论：新的展望）（共著、福村出版、2011 年）、《ソーシャル・キャピタルと生涯学習》（社会资源和终身学习）（John Field 著、共译，东信党，2011 年）、《教育と健康・社会的関与：学習の社会的成果を検証する》（教育和健康・社会的关系：验证学习的社会成果）（OECD 教育研究改革中心编著，共译，明石书店，2011 年）、『教育のトレンド2：図表でみる世界の潮流と教育の課題』（教育的发展趋势 2：从图表看世界的潮流和教育问题）（OECD 教育研究改革中心编著，主译审校，明石书店，2011 年）、《成人力とは何か：OECD「国際成人力調査」の背景》（成人能力是什么？——OECD 国际成人能力调查的背景）（共同编著，明石书店，2012 年）、《知識の創造・普及・活用：学習社会のナレッジ・マネジメント》（知识的创造、普及和应用：学习型社会的知识管理）（OECD 教育研究改革中心编著，主译审校，明石书店，2012 年）、《成人のナラティブ学習：人生の可能性を開くアプローチ》（成人的叙述性学习 Narrative Learning：开辟人生能量的手法）（Marsha Rossiter，Clark M. Carolyn 编，共译，福村出版，2012 年）、《学習の本質：研究の活用から実践へ》（学习的本质：把研究成果应用到实践中去）（OECD 教育研究改革中心编著，主译审校，明石书店，2013 年）、《教師のための防災教育ハンド

ブック（増補改訂版）》（教师专用的防灾教育手册（增补修订版））（编著，学文社，2013 年）等。

翻译人员

赵卫国，山东师范大学心理学院副教授，负责导读、第 1 章、第 12 章、第 13 章、第 14 章、资料和后序的翻译，以及全书的译稿修改和校对。

杨超，山东师范大学外国语学院日语系研究生，负责第 6 章、第 8 章、第 10 章和第 11 章的翻译。

殷明艳，山东师范大学外国语学院日语系研究生，负责第 2 章、第 9 章的翻译。

卢静阳，山东师范大学外国语学院日语系研究生，负责第 3 章、第 4 章的翻译。

王玉洁，山东师范大学外国语学院日语系研究生，负责第 7 章的翻译。

王晶，山东师范大学外国语学院日语系讲师，负责第 5 章的翻译。